Das Hochschwarzwald Kochbuch

– Zwischen Feldberg und Kirschtorte –

Horst A. Böß, Manfred Schülein

ISBN 978-3-86037-427-6

1. Auflage

Lüchower Straße 13a, 29459 Clenze
Telefon (0 58 44) 97 11 63-0
Telefax (0 58 44) 97 11 63-9
mail@limosa.de, www.limosa.de

Redaktion:
Horst A. Böß, Manfred Schülein

Fotos:
S. 118 (gr), S. 6 (kl): Andrea Boyda
S. 3: Edition Limosa GmbH
Alle übrigen Fotos von Horst A. Böß und Maria Böß

Lektorat:
Doreen Rinke

Satz und Layout:
Zdenko Baticeli, Lena Hermann, Christin Stade

Korrektorat:
Ulrike Kauber

Unter Mitarbeit von:
Caroline Waldvogel, Karin Monneweg, Britta Arndt

Medienberatung:
Horst A. Böß

Gedruckt in Deutschland.

Horst A. Böß, Manfred Schülein

DAS HOCHSCHWARZWALD KOCHBUCH

Zwischen Feldberg und Kirschtorte

Die Autoren

Horst A. Böß,

Jahrgang 1949, stammt aus Lenzkirch, wo er auch heute wohnt. Nach Abitur, Wehrdienst und Wirtschaftsstudium in Karlsruhe, das er mit dem Diplom als Wirtschaftsingenieur abschloss, schlug er die journalistische Laufbahn ein. Während seines Studiums war er Mitarbeiter beim Südkurier in Titisee-Neustadt, sein »Revier« der Hochschwarzwald. Er war bei den Festen, Vereinstagungen, sportlichen Großveranstaltungen, Unfällen, Bränden und Naturereignissen dabei und hatte bald den Titel des »rasenden Reporters« weg. Nach dem Studium folgte eine kurze Beschäftigung bei einer Münchner Unternehmensberatung für das graphische Gewerbe, dann wurde er 1978 Volontär beim Südkurier in Konstanz. 1979 übernahm er dessen Redaktion in Bonndorf und die Betreuung des Anzeigenblattes Hochschwarzwald-Kurier.

Als in der Redaktion Rheinfelden der Badischen Zeitung eine Stelle frei wurde, wechselte Horst Böß 1984 als Lokalredakteur zur Badischen Zeitung. Von 1987 bis 1998 gehörte er der Neustädter Redaktion an. Nach einem Jahr in der Schlussredaktion im Freiburger Haupthaus übernahm er 1999 die Redaktion St. Blasien als Leiter. Nach zehn Jahren verließ er die Badische Zeitung und machte sich als Journalist und PR-Berater selbstständig.

Schon als Jugendlicher mit 14 Jahren veröffentlichte er seine ersten Bilder. Das Fotografieren wurde zu seinem Hobby, das letztlich auch im Beruf aufging. Wenn es ihm die Zeit erlaubte, und auch noch heute erlaubt, macht er Wanderungen, immer mit dabei seine Kamera. Ziele waren die landschaftlichen Besonderheiten seiner Heimat. Das Ergebnis: eine Vielzahl von Bildern, die den Hochschwarzwald in all seiner Vielfalt spiegeln. Über seinen Beruf kamen dann die Bilder aus dem Leben der Menschen in der Region hinzu. Und noch eine Liebe hat er: Mexiko. In 30 Reisen besuchte er nahezu alle Regionen dieses interessanten mittelamerikanischen Landes und lernte dabei Natur, Leute und Küche kennen und lieben. An seiner Seite dabei Ehefrau Maria Elena, wie kann es anders sein, eine Mexikanerin.

Horst A. Böß

Manfred Schülein,

Jahrgang 1966, erblickte in Langenthal in der Schweiz das Licht der Welt. Aufgewachsen ist er ab 1969 in Lenzkirch im Hochschwarzwald. Er begann eine Kochlehre im Hotel Jungfrau (bei Küchenchef Heinz-Günther Schipke) in Wilderswil im Berner Oberland. Von 1984 bis 1986 folgte eine Konditorlehre in der Confisserie Perriard (bei Konditormeister Marius Bürgisser). Im Rahmen des Wehrdienstes war er 1987 bei den Fliegerabwehrtruppen in der Schweiz. Ab da begannen die Wanderjahre als Koch/Konditor in Hotels, wie dem Fünfsternehotel Victoria-Jungfrau und dem Fünfsterne-Grand-Hotel Beau-Rivage in Interlaken oder im Restaurant »Chrüteroski's Moospinte« und im Restaurant Post; und auch in namhaften Konditoreien wie der Confisserie Abbegglen in Bern.

1992 zog es ihn wieder nach Lenzkirch zurück. Eine geeignete Stelle war auch gleich gefunden im renommierten Treschers Schwarzwaldhotel in Titisee bis November 1997. Danach wurde der Schritt in die Selbstständigkeit gewagt, zuerst mit dem Kurhaus-Café in Lenzkirch, ab 2001 wurde dann der elterliche Betrieb, die Pension Waldwinkel, übernommen.

Die Liebe zum Kochen und Backen wurde Manfred Schülein schon in die Wiege gelegt, eine kleine Anekdote soll dies zeigen: Schon als kleiner Junge mit acht Jahren hatte er gekocht und zwar Hähnchenbrust in Haselnusspanade auf Gurkengemüse, sein Vater Rudolf Schülein, auch Koch, meinte, dass man so etwas nicht den Gästen vorsetzen könne, das wäre zu ausgefallen - wie sich die Zeiten ändern! Noch heute gibt es in seinem Haus solche und noch weitere Gerichte. Es hat sich durchgesetzt, man muss es einfach probieren. Bevorzugt wird eine frische, natürliche, regionale Kräuter-Küche, bei der auch die Leidenschaft eine Rolle spielt.

Sein ganzer Stolz sind seine zwei Töchter Nicole und Melanie, die auch in die Fußstapfen getreten sind, so ist Nicole Hotelfachfrau und Melanie Konditorin. Wie man sieht, liegt die Gastronomie im Blut. Zu seinen Hobbys zählen Wandern, Volleyball, Skifahren, Pilze und Beeren suchen und sammeln, um anschließend etwas Schmackhaftes daraus herzustellen. Aber die größte Leidenschaft ist das Motorradfahren über schöne Alpenpässe in seinem Mutterland der Schweiz.

Manfred Schülein

Ich wollte doch schon immer mal ...

... ein Kochbuch schreiben! Karin Monneweg vom Verlag Edition Limosa GmbH war einst Gast in unserer Pension Waldwinkel. So entstand der erste Kontakt und als daraufhin der Verlag bei mir anfragte, ob ich mir vorstellen könnte ein Kochbuch zu schreiben, habe ich spontan zugesagt. Angefangen hat es mit der Suche nach den typisch badischen Gerichten, da hatte ich mich auch bei meinen Kochkollegen im Hochschwarzwald umgehört. Es sollte ein regionales Kochbuch werden. Der Hochschwarzwald im Badnerland gelegen, ist bekannt für traditionelle Gerichte aus heimischen Produkten.

Dank meiner Kochkollegen konnte ich ein Kochbuch mit vielfältigen und abwechslungsreichen Rezepten zusammenstellen. Viel Wert wurde auf die Zubereitung mit frischen, regionalen Lebensmitteln aus heimischer Produktion gelegt.

Mehr als 150 Gerichte sind in zwölf Hauptkapitel untergliedert, so dass Sie für jeden Anlass das passende Rezept wählen können. Im hinteren Buchabschnitt finden Sie ein ausführliches Rezeptregister sowie Erläuterungen zu Begriffen, Abkürzungen, Maßen und Gewichten. Alle Rezepte sind für vier Personen ausgelegt.

Einige Geschichten und Fotos sollen Ihnen auch die Region Hochschwarzwald näher bringen, so ist die Landschaft geprägt von Wäldern, Wiesen, Bergen, Seen und Schluchten. Aber auch die Traditionen kommen nicht zu kurz, so gibt es Brauchtümer und Sagen und vieles mehr, was diese Region so reizvoll macht.

Nun wünsche Ich Ihnen viel Spaß beim Durchblättern, Nachkochen und -backen.

Ihr
Manfred Schülein

Im Winterwald bricht sich das Licht der Sonne besonders spektakulär.

Ein Danke vorweg ...

Viele Menschen aus der Region haben an diesem Kochbuch mitgewirkt. Auf der einen Seite die Köche der Hochschwarzwälder Gastronomie, die Ihre Küchengeheimnisse preisgegeben haben und auf der anderen Seite zahlreiche Hobbyköche aus dem Bekannten- und Freundeskreis, die Großmutters Rezepte oder eigene Kreationen beigesteuert haben.
Besonderer Dank gilt Horst A. Böß, einem Sportskollegen, der die Berichte geschrieben und verfasst hat und entsprechendes Bildmaterial zusammengestellt hat. Durch ihn wird Ihnen der Hochschwarzwald auch visuell näher gebracht und nicht nur als »Futtermeile« dargestellt. Ich freue mich, wenn die Hochschwarzwälder Impressionen Sie veranlassen, einmal diese schöne Region zu besuchen und sich kulinarisch vor Ort verwöhnen zu lassen.
Meinen Eltern Frieda und Rudi Schülein gilt ein großer Dank, weil Sie mir in der Zeit der Entstehung des Kochbuches den »Rücken« frei gehalten haben oder auch einfach ein paar Arbeiten übernommen haben. Auch wenn kleine Schwestern früher nervig waren, so bin ich doch froh, dass ich sie heute habe, denn meine Schwester Caroline Waldvogel hat alle Rezepte getippt und für den Verlag in Form gebracht.
Der Hochschwarzwald Tourismus GmbH möchte ich danken für eine gute Zusammenarbeit beim Vertrieb der Kochbücher über die Infostellen in den Gemeinden.

Außerdem ein Dankeschön an:
Andreas Helmle, Gasthaus Löffelschmiede Lenzkirch; Andrea Wiest, Bäckerei-Wiest, Lenzkirch; Christian Lade, Trescher's Schwarzwaldhotel am See, Titisee; Caroline Waldvogel, Tourismusfachwirtin, Lenzkirch; Dieter Schulz, Restaurant Krone, St. Blasien; Helmut Zier, Koch, Mistelbrunn; Klaus Kerdraon, Konditorei Roters, Lenzkirch; Lorenz Meier, Schwarzwaldgasthof Grüner Baum, Raitenbuch; Marcel Ripoll, Angler und Hobbykoch, Lenzkirch; Matthias Herrmann, Gasthaus Felsenstüble, St. Märgen; Ricardo Pickert, Hotel Reppert, Hinterzarten; Robert Kessler, Gasthof Hirschen, Schluchsee-Fischbach; Rudolf Schülein, Seniorchef Pension Waldwinkel, Lenzkirch; Simon Bragg-Coulthard, Hotel Adler, Hinterzarten

Ich hoffe, dass alle Leserinnen und Leser dieses Buches viel Freude beim Kochen haben – meine Leidenschaft ist das Kochen und diese steckt in diesem Kochbuch.

Türme der Klosterkirche St. Märgen

Geschichten und Erzählungen

Ein beliebtes Ausflugsziel vom Hochschwarzwald aus ist der Rheinfall bei Schaffhausen in der Schweiz.

Inhaltsverzeichnis

Wenn nicht anders vermerkt, sind alle Rezepte für vier Personen ausgelegt.

Pfarrhaus von Friedenweiler

Mühle im Schwarzwälder Tal

Es steht eine Mühle im Schwarzwälder Tal
Die klappert so leis' vor sich hin
Und wo ich geh' und steh'
Im Tal und auf der Höh'
Da liegt mir die Mühle die Mühle im Sinn
Die Mühle im Schwarzwälder Tal

Und in dieser Mühle im Schwarzwälder Tal
Da wohnet ein Mädel so schön
Und wo ich geh' und steh'
Im Tal und auf der Höh'
Da liegt mir das Mädel das Mädel im Sinn
Das Mädel im Schwarzälder Tal

Wir reichten zum Abschied noch einmal die Hand
Und wünschten einander viel Glück
Und wo ich geh' und steh'
Im Tal und auf der Höh'
Da liegt mir der Abschied der Abschied im Sinn
Der Abschied vom Schwarzwälder Tal

Melodie & Text: Paul Schulz, 1876 bis 1924

Die Erlebnisregion Hochschwarzwald

Der Hochschwarzwald ist eine Region, die durch die Geschichte so nicht definiert ist. Erst im vergangenen Jahrhundert wurde der Begriff »Hochschwarzwald« für die Region um den Feldberg festgeschrieben, einhergehend mit der Einrichtung des Landkreises Hochschwarzwald. Zuvor hieß es einfach »auf dem Wald«. Das Feldbergmassiv und seine Ausläufer bilden ein beindruckendes Landschaftsbild im Südschwarzwald – wobei der Feldberg mit 1493 Metern die höchste Erhebung darstellt. Der Hochschwarzwald ist landschaftlich äußerst vielfältig gegliedert und weist eine Vielzahl von Besonderheiten auf. Es finden sich tief eingeschnittene Täler und Schluchten, sonnige Hochebenen, Berge, die weite Blicke in die Landschaft erlauben und Seen, die zum Baden und Segeln einladen.

Besiedelt wurde der Hochschwarzwald von der im Osten gelegenen Baar zunächst von Kelten zwischen 500 und 700 n.Chr. Später kamen dann die Alamannen gefolgt von fränkischen Oberherren. Dies ging alles fließend vonstatten. Bereits vor der Besiedlung gab es aber wichtige Verkehrswege, die durch den Hochschwarzwald führten. Ein uralter Fernhandelsweg kann bis 1500 v.Chr. im Bereich der Stallegger Furt in der Wutachschlucht sowie bei Bonndorf und Löffingen nachgewiesen werden. Die Römer hatten durch die Region noch eine weitere Straße angelegt. Diese führte von Hüfingen aus durch den »Wald« bis in den Breisgau. Spuren finden sich noch bei Reiselfingen am Eingang zur Wutachschlucht. Vor den Römern waren aber schon die Kelten da, die Verkehrswege unterhielten. Handeltreibende aus fernen Ländern und Heerscharen – Russen, Franzosen und Österreicher zogen durch das Gebiet – hinterließen ihre Spuren: Es gibt ein »Russenkreuz« für die Gefallenen bei Eisenbach, eine Franzosenschmiede und ein Kreuz für die Toten der Grande Nation bei den Gefechten im Hochschwarzwald. Auch in den Küchentraditionen und Kochrezepten schlugen sich die Geschmäcker der Fremden nieder. Die Hochschwarzwälder Küche lockt heute mit Feinem und Frischem. Das ist nicht nur schmackhaft, sondern auch naturgesund.

Mit mehr als 2,5 Millionen Übernachtungen jährlich zählt der Hochschwarzwald nicht nur zu den wichtigsten Urlaubsregionen in Baden-Württemberg, sondern auch in ganz Deutschland. Das Angebot an die Gäste in den Gemeinden

Russenkreuz – Gedenkkreuz auf der Schwärzenbacher Hochebene für die russischen Soldaten, welche im Hochschwarzwald bei den Befreiungskriegen (1813 bis 1815) den Tod fanden.

Titisee-Neustadt – als Mittelpunkt – Löffingen, Friedenweiler, St. Peter, St. Märgen, Breitnau, Hinterzarten, Feldberg, Schluchsee und Lenzkirch ist vielfältig. Die Gäste finden hier ihre Wunschunterkunft – von der familiengeführten Pension bis hin zum Luxushotel. Sie haben eine große Auswahl an gemütlichen Gasthäusern mit typischen Spezialitäten der Region und Feinschmecker-Restaurants. Die aktive Urlaubsgestaltung wird mit einem abwechslungsreichen und auch sportlichen Angebot unterstützt.

Der Schluchsee und der Titisee bieten eine Vielzahl von Wassersportmöglichkeiten. Über 700 Kilometer Radwege und Mountainbike-Strecken laden zur sportlichen Entdeckungsreise durch den Hochschwarzwald ein. Wer die Region zu Fuß erobern möchte kann dies über 1000 Kilometer gepflegte und bestens ausgeschilderte Wanderwege tun. Diese reichen vom Schluchtensteig durch die bekannte Wutachschlucht bis hin zur aussichtsreichen Höhenwanderung am Feldberg. Mit 350 Sonnen-Stunden im Herbst 2010 belegte der Südwesten die Spitzenposition aller Regionen Deutschlands. Lenzkirch führte dabei mit 408 Stunden die Rangliste aller 2000 deutschen Mess-Stationen an.

B31 Brücke bei Döggingen – Die Bundesstraße 31 ist die Hauptverkehrsader des Hochschwarzwaldes. Sie durchkreuzt das Gebiet in Ost-West-Richtung. Mit großen Brückenbauwerken kreuzt sie das Gauchachtal bei Döggingen (Bild) und das Gutachtal bei Neustadt.

Rehfilet auf Steinpilzragout

400 g Rehfilet oder Rehmedaillon	würzen und in der heißen Pfanne mit
30 ml Öl	rosa anbraten, warm stellen.
120 g frische Steinpilze	putzen und in Würfel schneiden, in
20 g Olivenöl	anbraten und mit
Salz, Pfeffer	
Zitronensaft	würzen. Anschließend
Schnittlauch (in Röllchen)	mit
Petersilie (gehackt)	mischen, auf
Blattsalate (nach Belieben)	anrichten. Das Rehfilet schneiden, mit
Tomaten-Vinaigrette (Rezept S. 23)	nappieren.

Nappieren: Ein Gericht mit Sauce überziehen.

Frischling im Tiergehege der Stadt St. Blasien. Das Gehege wird von einem Verein betreut.

Der Hallimasch, auch bekannt als Honigpilz, gedeiht vor allem an Baumstümpfen, auf versteckten Wurzeln und an Bäumen. Für diese bedeutet das aber dann den sicheren Tod.

Lenzkircher Pilzschnitte

30 g Butter	in einer Pfanne erhitzen, mit
40 g Zwiebeln (gehackt)	andünsten.
300 g frische Pfifferlinge (geputzt)	beifügen und kurz mitdünsten, mit
100 ml Weißwein	ablöschen und mit
100 ml Bratensauce (Rezept S. 148)	und
80 ml Sahne	auffüllen. Mit
Salz, Pfeffer	würzen und durchkochen lassen.
15 g Petersilie (gehackt)	unterheben.
4 Scheiben dunkles Brot	in eine Auflaufform geben, mit
4 Scheiben Kochschinken	belegen, die Pilzsauce darüber verteilen. Mit
4 Scheiben Raclette-Käse	belegen, im vorgeheizten Backofen bei 220 °C überbacken und servieren.

Weihnachtliches Lenzkirch: Ein geschmückter und von Kerzen erhellter Christbaum steht alljährlich in der Zeit um Weihnachten vor dem Rathaus des heilklimatischen Kurortes.

Schirmpilz (Parasol)

Crêpes mit Pfifferlingragout

100 g Mehl	fein sieben, mit
250 ml Milch	
2 Eier	und
Salz, Pfeffer	gut vermischen und in einer heißen Pfanne dünne Pfannkuchen (Crêpes) ausbacken.
50 g Butter	erhitzen und darin
30 g Schalotten (gehackt)	andünsten.
300 g frische Pfifferlinge	beifügen und mit anschwitzen. Anschließend
200 ml Sahnesauce (Rezept S. 141)	aufgießen, kurz durchkochen.
Schnittlauch (geschnitten)	sowie
Petersilie (gehackt)	beigeben und mit
Salz, Pfeffer	würzen. Die Pfannkuchen zu einem Viertel zusammenfalten, in einer Gratinform mit der Pfifferlingsauce füllen. Nun mit
150 ml Sauce Hollandaise (Rezept S. 149)	nappieren und im heißen Backofen kurz überbacken.

Die Baldenweger Hütte am Feldberg ist ein Ziel am Laurentius-Tag, dem Festtag der Hirten und Herden.

Rast am Silberbrünnele im Urseetal an der Landesstraße von Lenzkirch nach Schluchsee. Das Wasser kommt direkt von einer eigenen Quelle.

Badischer Flammenkuchen

400 g Mehl	mit
20 g Hefe	
1 TL Salz	und
200 ml Milch	zu einem Hefeteig verarbeiten und gehen lassen, bis sich das Volumen verdoppelt hat.
500 g Magerquark	mit
250 ml Sahne	und
Pfeffer aus der Mühle	gut verrühren. Den Teig hauchdünn auswellen und auf das gut eingeölte Backblech auslegen. Mit einem Spachtel die Quark-Sahne-Masse gleichmäßig auf dem Teig verteilen. Danach
500 g Zwiebeln (feine Scheiben)	und
250 g Schwarzwälder Rohschinken (fein geschnitten)	auf die Masse geben. Bei 200 °C rund 7 Minuten backen, herausnehmen, schneiden und warm servieren.

Der höchste Punkt des Hochschwarzwaldes, der Gipfel des Feldberges, wird vielfach genutzt. Auf dem ehemaligen Aussichtsturm, dem Luisenturm, ist eine Kuppel für das Wetterradar und Antennen für den Funk von Polizei und Rettungsdiensten. Daneben steht der Funkturm des Südwestfunks, gibt es eine Aussichtsplattform und eine Station des Deutschen Wetterdienstes.

Stadtmusikanten von Lenzkirch

Honig-Balsamico-Dressing

60 g Bienenhonig	leicht erwärmen, mit
50 ml Balsamico-Essig	und
20 g Senf	mischen. Mit
Salz, Pfeffer	würzen.
150 ml Sonnenblumenöl	unterrühren, mit dem Stabmixer aufmixen und abschmecken.

Die Sauce schmeckt sehr gut zu Sunnewirbele (Feldsalat).

Schülis Hausdressing

1 Knoblauchzehe	fein hacken.
50 g Senf	
je 15 g Pfeffer, Salz	
10 ml Worcestersauce	
2 Spritzer Zitronensaft	
150 ml Weißweinessig	
100 ml Brühe	alle Zutaten miteinander mixen.
1 Eigelb	mit
100 ml Sahne	mischen, zugeben.
500 ml Sonnenblumenöl	sowie
100 ml Haselnussöl	unter die Sauce mixen.

Passt sehr gut für alle frischen Blattsalate.

Regenbogen über der Hochschwarzwaldlandschaft

Kartoffelsalat mit Speck

Von Helmut Zier, Mistelbrunn

600 g Kartoffeln (vorwiegend festkochend)	waschen und in Salzwasser kochen, noch warm schälen und in Scheiben schneiden.
1 Zwiebel	in Würfel schneiden, mit
50 g Senf	
100 ml Essig	und
100 ml Brühe	mischen und zu den Kartoffeln geben.
60 g Speck	in Würfel schneiden, in
60 ml Öl	anbraten, mit
Salz, Pfeffer	würzen und abschmecken.

Kartoffel-Nussdressing

Von Helmut Zier, Mistelbrunn

150 g Kartoffeln	schälen, kochen und durchpressen. Mit
50 ml Weißwein-Essig	mischen.
100 ml Öl	unter die Masse ziehen, mit
30 ml Nussöl	und
Salz, Pfeffer	abschmecken.

Die Rudenberger Hochebene bei Titisee-Neustadt öffnet sich in Richtung Süden. Sie ist ein beliebtes Ausflugsziel für die Bewohner der Wälderstadt.

»De Granitzler chunnt!«

Gar schwer war früher das Leben auf den Hochschwarzwälder Höfen. So mal schnell einkaufen gehen war nicht. Es musste alles gut geplant sein, für die halbjährlichen Einkäufe auf den Jahrmärkten im Frühjahr und Herbst. Ein Dorfladen, in dem es die Dinge des täglichen Lebens zu kaufen gab, stand nicht immer zur Verfügung. Und wenn es ihn gab, dann bekam man dort meist nur das Notwendigste.

Selbst der Einkauf von Haushaltswaren war meist unmöglich. So zogen fliegende Händler durch die Lande und füllten die Marktlücke. Die Hausierer hatten nicht nur einen Bauchladen voller Ware bei sich, sondern führten in der Regel ein großes Rückengestell mit Fächern und Halterungen mit, das sie wie eine »Chrätze« (hochdeutsch Kraxe) auf dem Rücken trugen. Das Gestell war weit höher als der Kopf des Trägers und noch nach vorne abgewinkelt und überragte ihn so weit. Diese Chrätze erinnerte in ihrer Form an einen Kranich und so kam es zur Bezeichnung »Kranitze« für den Rücken-Kaufladen. Dessen Träger hieß dann auch sinnigerweise Kranitzer. Umgangssprachlich wurde dann daraus der »Granitz(l)er«. Mit der Kranitze wurden auch die Schwarzwälder Uhren transportiert.

Der Granitzler war nicht nur wegen seines Warenangebotes beliebt. Die weit herumgekommenen Gesellen waren meist auch Spaßvögel, die allerlei Neuigkeiten zu berichten hatten. Bis er seine Kranitze in einer Wohnung schließlich abstellte, war die Hausfrau bereits über das Neueste aus der weiten Nachbarschaft und über vieles andere mehr unterrichtet.

So eine Kranitze kam einer Wundertüte gleich, denn sie konnte gar vielerlei beinhalten: Da gab es eine Menge Kurzwaren, die zum Nähen und Stricken vonnöten waren und natürlich allerlei Bändel, Tücher, Hosenträger, Sockenhalter, Knöpfe, Nadeln, Fäden und Schnüre, Fingerhüte, Steckkissen, Strick-

Das Granitzler-Denkmal am Fuß des Hochfirsts zwischen Kappel und Saig erinnert an einen heimtückischen Mord an einem wandernden Händler.

nadeln, Schlipse, Kragen, Fläschchen mit geheimnisvollen Kräutertinkturen, Riechwasser, Puder, Kämme, Haarnadeln – und vieles andere mehr. Vielfach kam da den Frauen die Frage über die Lippen: »Wo habt ihr dies um Gotteswillen auch alles verstaut?« Das war das große Geheimnis der Kranitze und seines Trägers, dem Granitzler.

Granitzler-Denkmal in St. Märgen

Schlecht ergangen ist es einmal einem solchen Granitzler im Hochschwarzwald. Es war im Jahre 1858 als er sich nach einem stärkenden Vesper in einem Neustädter Wirtshaus auf dem Weg nach Lenzkirch machte. Der direkte Weg war angesagt und so ging es steil den Hochfirst hinauf und ebenso steil auf der Saiger Seite hinab gen Lenzkirch. Es war dann schon auf der Hälfte des Abstieges als er von einem Spitzbuben angehalten, erschlagen und seines Geldes beraubt wurde. Schon wenige Tage später konnte der Täter dingfest gemacht und seinem Richter überstellt werden. Wie es sich herausstellte hatte er den Granitzler in der Wirtschaft in Neustadt beobachtet und gesehen, wie er seine Rechnung aus einem dicken Geldbündel heraus bezahlte. Die Gier übermannte ihn und führte zur schrecklichen Tat, so die Überlieferung. En Marterl, ein kleiner Gedenkstein, erinnert heute am Wanderweg von Saig nach Kappel an die Geschichte.

Der Wildenhof im kleinen Ort Raitenbuch ist einer der ältesten Höfe des Hochschwarzwaldes. Vor über 400 Jahren ist er als Rauchhof – ohne Kamin, der Rauch zog durch das ganze Haus – erbaut worden und weitgehend im Originalzustand erhalten.

Nudelsalat Schwarzwälder Art

200 g Nudeln (Spiralen oder Hörnle)	in kochendes Salzwasser geben und bissfest kochen. Abschütten und erkalten lassen.
80 g Bergkäse (Halb-Hartkäse)	sowie
80 g Kochschinken	
50 g Essiggurken	in feine Würfel schneiden und zu den Nudeln geben.
50 g Zwiebeln	und
1 Knoblauchzehe	fein hacken, zugeben.
20 g Ketchup	mit
20 ml Zitronensaft	
50 ml Sahne	
50 g Schmand	
je 10 g Petersilie und Schnittlauch	vermischen unter die Salatzutaten heben und mit
Salz, Pfeffer	abschmecken.

Das Kloster in Friedenweiler wurde von Benediktinerinnen um 1120 gegründet. Ab der Mitte des 16. Jahrhunderts gehörte es dem Zisterzienserorden an. Aufgelöst wurde es im Rahmen der Säkularisation 1802. Seit Mai 1989 ist es ein Altersheim.

Altar der Kirche in Friedenweiler

Ochsenmaulsalat mit Brägele

Von Andreas Helmle, Löffelschmiede, Lenzkirch

600 g Ochsenmaulsalat vom Metzger	grob schneiden mit
50 g Zwiebeln (gehackt)	
30 ml Essig	
100 ml Öl	und
Salz, Pfeffer	abschmecken. Zum Schluss
Schnittlauch (fein geschnitten)	unterziehen und anrichten.

Dazu reicht man Brägele (Rezept S. 52).

Tomaten-Vinaigrette

2 Tomaten	in kochendem Wasser blanchieren, schälen, vierteln, entkernen und in kleine Würfel schneiden.
10 g Basilikum	sowie
10 g Petersilie	
40 g Zwiebeln	hacken. Mit
50 ml Weißwein-Essig	mischen und mit
150 ml Öl	aufrühren, mit
Salz, Pfeffer	würzen und abschmecken.

Der Bähnleradweg zwischen Neustadt und Bonndorf führt bei Lenzkirch über das Klausenbach-Viadukt.

Badische Kartoffelsuppe

Von Lorenz Meier, Schwarzwaldgasthof Grüner Baum, Lenzkirch

50 g Speck	sowie
30 g Zwiebeln	
30 g Lauch	in kleine Würfel schneiden, in
30 g Butter oder Schmalz	andünsten. Mit
500 ml Brühe	auffüllen.
100 g Kartoffeln	und
je 30 g Karotten, Sellerie, Weißkraut	in kleine Würfel schneiden, beigeben, weich kochen.
Crème fraîche	nach Belieben zufügen. Mit
Salz, Pfeffer, Muskat	würzen und abschmecken. Mit
Schnittlauch	und
Kracherle	garnieren.

Kracherle sind in Butter geröstete Weißbrotwürfel.

Trachtenmusiker

Rosenkranzkapelle in Glashütte bei St. Märgen. Der Weiler Glashütte liegt im tief eingeschnittenen Tal des Glaserbachs der nahe der Hexenlochmühle in die Wilde Gutach mündet.

Petersilienschaumsüppchen mit Tatar von Lachsforelle und Apfel, Forellenkaviar und krossem Speck

Von Ricardo Pickert, Hotel Reppert, Hinterzarten

1 – 2 Bund Blattpetersilie	abzupfen, mit
50 g Zwiebelwürfel	in
20 g Butter	andünsten mit
300 ml Weißwein	ablöschen, zur Hälfte einkochen.
500 ml Geflügelfond	und
300 ml Sahne	auffüllen. Mit
Salz, Pfeffer	
Zucker	und
Zitronensaft	abschmecken. Eventuell mit
Speisestärke	abbinden. Mit
75 g Butter (kalt)	aufschäumen.

Lachsforellen-Tatar

150 g frische Lachsforelle	von Haut und Gräten befreien, fein hacken.
50 g Apfel (Granny Smith)	schälen, entkernen und fein hacken. Beide Zutaten mit
20 g Forellenkaviar	mischen, würzen und mit
Salz, Pfeffer, Chili	sowie
Zitronensaft	
Koriandersamen (gemahlen)	abschmecken.
80 g Speck	in Streifen schneiden, kross anbraten, mit dem Tatar auf die Suppe geben.

Badeteiche lösen immer mehr die herkömmlichen Freibäder ab.

Der Naturpark Südschwarzwald

Von Valerie Bässler, Naturpark Südschwarzwald, 2010

Der Südschwarzwald ist eine der schönsten und meistbesuchten Erholungsregionen Deutschlands: Berge bis fast 1500 Meter Höhe, wilde Schluchten, urige Schwarzwaldhöfe, blühende Wiesen, fruchtbare Weinberge, dichte Wälder – eine einzigartige Mischung aus Natur, Kultur, Tradition und Heimat. Um die Erholungslandschaft zu erhalten, zu pflegen und weiter zu entwickeln wurde am 1. Februar 1999 der Naturpark gegründet. Ein Naturpark ist ein großräumiges, ländlich geprägtes Gebiet, das sich durch seine Vielfalt, Eigenart und Schönheit von Natur und Landschaft auszeichnet. Im Gegensatz zu einem Nationalpark wird hier der wirtschaftende Mensch bewusst in das Konzept einbezogen, um eine nachhaltige und naturverträgliche Entwicklung der Region zu erreichen. So ist die großräumige Land- und forstwirtschaftliche Nutzung kein Tabu im Naturpark Südschwarzwald, sondern ausdrücklich erwünscht. Zugleich wird die Natur – und somit der zukünftige Erholungsraum für den Menschen – geschützt. Aus diesem Grund besteht der Naturpark größtenteils aus Natur- und Landschaftsschutzgebieten.

Blick vom 1414 Meter hohen Belchen, der vierthöchsten Erhebung des Schwarzwaldes, auf das 1415 Meter hohe Herzogenhorn

Sikahirsche findet man in verschiedenen Wildgehegen im Hochschwarzwald. Diese Gruppe fühlt sich in dem von St. Blasien besonders wohl.

Das Gebiet des Naturparks reicht von Elzach und Triberg im Norden bis nach Waldshut-Tiengen und Lörrach im Süden. Im Westen schließt er die Vorbergzone bis Freiburg und Emmendingen ein, nach Osten dehnt er sich bis Donaueschingen und Villingen-Schwenningen auf der Baar-Hochebene aus. Das Herz des Naturparks bildet der Hochschwarzwald. Mit seinen 370 000 Hektar ist der Naturpark Südschwarzwald der zweitgrößte Naturpark Deutschlands, der über 550 000 Bewohner und jährlich über 20 Millionen Gäste zählt. 103 Gemeinden und fünf Landkreise sind Teil davon sowie Vereine, Verbände, Unternehmen und Privatpersonen. In ihm liegen auch die drei höchsten Gipfel des Schwarzwaldes: der Feldberg mit 1493 Metern, das Herzogenhorn (1415 Meter) und der Belchen (1414 Meter).

Hauptziel des Naturparks ist es, die einzigartige historisch gewachsene Kulturlandschaft des Südschwarzwaldes zu erhalten und das harmonische Miteinander von Na-

»Le Petit Salon« – die Winterhalterstube in Menzenschwand – hält die Erinnerung an die genialen Maler Franz Xaver (1805 bis 1873), den bekannteren der Brüder, und Hermann Fidel Winterhalter (1808 bis 1891) wach. Die Malerbrüder waren die bekanntesten und beliebtesten Fürstenmaler an allen europäischen Höfen.

Höhenluftkurort Saig liegt auf rund 1000 Höhenmetern am Fuß des 1192 Meter hohen Hochfirstes. Die Bevölkerung lebt vorwiegend vom Fremdenverkehr.

tur und Mensch zu fördern. Dazu unterstützt er zahlreiche Projekte aus verschiedenen Bereichen wie Tourismus, Land- und Forstwirtschaft, Kultur oder Naturschutz, wie zum Beispiel die »Käseroute im Naturpark Südschwarzwald«, den »Südschwarzwald-Radweg«, die Entwicklung hin zur »Bio-Energie-Region« oder ein verstärkt barrierefreies Angebot von Museen, Naturschauspielen und Erlebnispfaden.

Im Naturpark haben sich 80 Hoteliers und Gastronomen gefunden, um ihren Gästen das fantastische Naturerlebnis der Region auch auf dem Teller zu präsentieren. Ein Naturparkwirt bietet mindestens drei regionale Hauptgerichte ganzjährig an. Regional heißt, dass die Hauptzutaten für die Gerichte aus dem Gebiet stammen. Die Wirte sind mit der Landschaft, ihrer Kultur und Tradition eng verbunden. Sie verwenden heimische Produkte aus Überzeugung, weil sie wissen, dass nur durch eine enge Partnerschaft zwischen Erzeugern, Gastronomen und Gästen die einmalige Schwarzwaldlandschaft dauerhaft erhalten werden kann.

Ob Wandern, Mountainbiken, Schneeschuhwandern, Erlebnispfade erkunden, kulturelle Events erleben, regionale Produkte entdecken – der Naturpark Südschwarzwald präsentiert sich mit einer breiten Palette attraktiver Angebote. Ob als Tourist oder Einheimischer, ob als großer Abenteurer oder kleiner Glücksritter – garantiert findet man im Naturpark Südschwarzwald noch unbekanntes, entdeckungswürdiges Terrain.

Eine der beliebtesten Laufveranstaltungen des Hochschwarzwaldes ist der Albtäler Halbmarathon von Bernau nach St. Blasien. Im Rahmen des Laufwettbewerbes gibt es auch Nordicwalking.

Winterlicher Feldberg von Osten über die Kappeler Höhe gesehen

Zitronencremesuppe

20 g Schalotten	sowie
20 g Lauch	fein schneiden, in
50 g Butter	andämpfen, mit
50 g Mehl	stäuben. Mit
100 ml Sekt	sowie
30 ml Zitronensaft	ablöschen.
300 ml Geflügelbrühe	und
400 ml Sahne	auffüllen, mit
Salz, Pfeffer	würzen, etwa 10 Minuten kochen lassen, dann mixen und abpassieren. Die abgeriebene Schale von
1 Zitrone (unbehandelt)	beigeben und anrichten.

Brühe mit Flädle

50 g Mehl	mit
100 ml Milch	
2 Eier	mischen und
Petersilie (gehackt)	beigeben, mit
Salz, Pfeffer, Muskat	würzen, ruhen lassen. Nun in
Butter	dünne Pfannkuchen (Crêpes) ausbacken, kurz auskühlen lassen, in Streifen schneiden.
800 ml Brühe	erhitzen, die Flädle dazugeben, servieren.

Hochzeitsgesellschaft in Lenzkirch vor der evangelischen Kirche. Das Spalierstehen durch die Schulkameraden gehört immer dazu.

Glashütter Forellensuppe

Von Matthias Hermann, Gasthaus Felsenstüble, St. Märgen

40 g Butter	im Topf erhitzen.
Je 60 g Zwiebel-, Sellerie- und Karottenwürfel	beigeben und anschwitzen, mit
200 ml Weißwein (trocken)	und
400 ml Fischfond (Rezept S. 141)	ablöschen.
1 Lorbeerblatt	beigeben, leicht mit
Salz, Pfeffer	würzen, etwa 10 Minuten köcheln lassen, dann das Lorbeerblatt entfernen.
2 Forellenfilets	häuten, in kleine Würfel schneiden, beigeben.
200 ml Sahne	mit
30 g Bauernbrot (gerieben)	
2 Eigelb	und
Zitronensaft	gut verrühren, einen Teil der Suppe auf die Sahnemischung (Legierung) geben, dann wieder zurück in den Topf geben, abschmecken, nicht mehr kochen. Zuletzt mit
Petersilie (gehackt)	garnieren.

Ein ehemaliges Zollhaus findet sich beim Hofgut Sternen im Höllental am Heimatpfad Hochschwarzwald.

Kulturgeschichtliche Zeugnisse bäuerlichen Lebens und Arbeitens im Hochschwarzwald säumen, wie diese Seilerei, den zwischen Hinterzarten und Breitnau verlaufenden Heimatpfad.

Bärlauchcremesuppe

Bärlauch wächst im Frühjahr (ab April/Mai) – bitte nicht mit Maiglöckchen verwechseln. Wenn man Bärlauch zwischen den Fingern verreibt, riecht er nach Knoblauch.

Von Helmut Zier, Mistelbrunn

50 g Zwiebeln	fein hacken und mit
50 g Bärlauch	in
40 g Butter	anschwitzen. Mit
50 g Mehl	stäuben und mit
400 ml Brühe	ablöschen.
200 ml Sahne	auffüllen, mit
Salz, Pfeffer, Muskat	abschmecken, kurz kochen lassen, danach mixen und abpassieren. In vorgewärmte Tassen einfüllen und mit
Bärlauchstreifen	garnieren.

Sollte kein frischer Bärlauch vorhanden sein, können Sie Paste (Rezept S. 136) verwenden.

Kanadiersteg in der Wutachschlucht: Hier mündet rund 1,2 Kilometer oberhalb der Wutachmühle die Gauchach in die Wutach. Der Steg bekam übrigens den Namen der Erbauer, einer kanadischen Pioniereinheit.

Die Wutachschlucht ist die Heimat des Bärlauchs (Allii ursini herba), auch Waldknoblauch, Wilder Knoblauch oder Hexenzwiebel genannt. Im Frühjahr gibt es ganze Felder des stark duftenden Krautes. Mit Beginn der Blüte ist es allerdings nicht mehr genießbar.

Sauerampfersüpple mit gebratenen Forellenstreifen

Von Ricardo Pickert, Hotel Reppert, Hinterzarten

50 g Zwiebeln oder Schalotten	fein hacken.
60 g Sauerampfer	schneiden und beides in
40 g Butter	anschwitzen. Mit
60 g Mehl	stäuben, dann mit
300 g Brühe	
100 g Fischfond (Rezept S. 141)	
200 ml Sahne	ablöschen und auffüllen. Mit
Salz, Pfeffer, Muskat	würzen. Zum Schluss mixen, abpassieren und nochmals abschmecken.
1 – 2 Forellenfilets	entgräten und die Haut abziehen, in Streifen schneiden, würzen, in
Mehl	wenden und in
Olivenöl	anbraten, anschließend auf der Suppe anrichten.

Sauerampfer wächst in der Regel auf Magerwiesen, passt ausgezeichnet zu Fischgerichten und Saucen.

Kurparkweiher von Falkau

Die Linachtalsperre in Vöhrenbach, erbaut zwischen 1922 und 1925, ist ein besonderes technisches Denkmal. Die Pfeilerstaumauer aus Beton ist 25 Meter hoch und 143 Meter lang. Es ist die einzige Gewölbereihenstaumauer in Deutschland.

Kürbiscremesuppe mit Curry

Von Helmut Zier, Mistelbrunn

50 g Zwiebeln	fein hacken.
150 g Kürbis	fein schneiden und beides in
60 g Butter	anschwitzen. Mit
60 g Mehl	
20 g Curry	stäuben und mit
500 ml leichte Brühe	auffüllen. Dann die Suppe etwa 10 Minuten köcheln lassen, mixen und zum Schluss
250 ml Sahne	beigeben, mit
Salz, Pfeffer	würzen und abschmecken.

Kürbisse in allen Größen und von verschiedenen Sorten gibt es alljährlich beim Bauernmarkt in Tiefenhäusern, an der Bundesstraße 500 gelegen, zu bestaunen.

Herbststimmung im Hochschwarzwald

Aufgeschäumte Schwarzwälder Käsesuppe

Von Robert Kessler, Gasthof Hirschen, Schluchsee-Fischbach

50 g Zwiebeln	sowie
4 Knoblauchzehen	schälen und in feine Würfel schneiden. In einem Topf mit
20 g Butter	anschwitzen, mit
30 g Mehl	stäuben.
500 ml Gemüsebrühe	aufgießen und 5 Minuten köcheln lassen. Anschließend
100 ml Sahne	und
100 g Crème fraîche	dazugeben.
150 g Schwarzwälder Bergkäse (Hartkäse)	reiben, in die Suppe geben, nochmals aufkochen und mit
Salz, Pfeffer	
Cayenne-Pfeffer	abschmecken.
2 Scheiben Weißbrot	in Würfel schneiden und in
20 g Butter	goldgelb andünsten.
Schnittlauch	fein schneiden. Die Suppe anrichten, mit Weißbrotwürfeln und Schnittlauch bestreuen.

Mit der Käseharfe zerkleinert Käser Burkhard Heer mit seiner Gehilfin Maria die Käserohmasse im kupfernen Kessel in erbsengroße Stücke.

Rindfleischeintopf mit Gemüse und Spätzle

Von Christian Lade, Treschers Schwarzwaldhotel, Titisee

	In einem großen Topf 2½ l Wasser aufkochen, dann
400 g Ochsenbrust oder Tafelspitz	darin 5 Minuten blanchieren, abschütten. Nun wieder mit kaltem Wasser ansetzen und köcheln lassen.
1 Bund Suppengrün	waschen, schneiden, beigeben.
2 Zwiebeln	halbieren und leicht in der Pfanne rösten, dazugeben. Anschließend
Kümmel, Salz	sowie
Lorbeer, Wacholder	beifügen und etwa 1 bis 2 Stunden kochen. Die Ochsenbrust herausnehmen, die Brühe abpassieren.
Je 100 g Sellerie- und Karottenwürfel	sowie
150 g Kartoffelwürfel	dazugeben und kochen. Die Ochsenbrust in kleine Würfel schneiden und mit
100 g Spätzle (Rezept S. 40)	zur Suppe geben.

Schlittenhunderennen gibt es seit vielen Jahren in Bernau und Todtmoos. Es wurden auch schon Weltmeisterschaften ausgetragen.

Die Narren sind los!

Im Hochschwarzwald wird in allen Orten auf vielfache Weise die Fasnet gefeiert. Die Fasnet (auch Fasnacht, Fastnacht oder Fasching) beginnt mit dem Drei-Königs-Tag, 6. Januar. Die Fasnetsveranstaltungen dauern bis zum Beginn der Fastenzeit. Sechs Tage vor Beginn der Fastenzeit beginnt vielerorts der Höhepunkt des närrischen Treibens mit dem Schmotzige Donschtig (Donnerstag). Die beginnende Fastenzeit ist auch der Namensgeber der Fasnacht. Das Wort »Fastnacht« leitet sich von »Nacht vor dem Fasten« ab. In vielen Orten in Süddeutschland werden seit Hunderten von Jahren verschiedene Fasnetsbräuche aufrecht erhalten. Viele Narrenvereinigungen, Zünfte und Gruppierungen haben sich den verschiedenen Bräuchen verschrieben. Die Fasnet fasziniert mit farbenfrohen Verkleidungen, verschiedenen Bräuchen und der ausgelassenen Stimmung.

Schon im Jahre 1840 gab es zum Beispiel in Lenzkirch die erste Fasnetgesellschaft, deren »Internationales Trachtentreffen« in den närrischen Tagen 1882 ein weites Echo fand. Auch 1903 gab es eine Fasnet, die weithin Aufmerksamkeit erregte. Man schaute damals über die Grenzen hinweg und ließ den »Burenkrieg« aufleben. Die ersten Masken gab es schon vor dem Zweiten Weltkrieg. Es war der Kreuzvogel, der sich im Narrennest einnistete. Er wurde in den 1950er Jahren vom Dengele abgelöst, der dann später ein weibliches Pendant, den Heuhopper, bekam. Dengele und Heuhopper sind nur zwei der zahlreichen Narrenmasken der Vogtei Hochschwarzwald-Albgau im Verband Oberrheinischer Narrenzünfte. Der Dengle wurde nach der von Johann Peter Hebel – dem berühmten Heimatdichter aus dem Wiesental – in seinem Gedicht »Geisterbesuch auf dem Feldberg« geschilderten Sagengestalt geschaffen. In Lenzkirch erschien 1912 die erste Narrenzeitung überhaupt, das »Angstverkündungsblatt für den diesseits des Hochfirst gelegenen Industriebezirk Lenzkirchen«. Seit der Fasnet 1922 erschien dann der Urseebote, der bis heute regelmäßig am Sonntag vor Fasnet verkauft wird.

Gägs der Narrenzunft Neustadt

Narrenzunft der Seeräuber aus Titisee

Narrensprüche

Hit isch Fasnet,
morn isch Fasnet,
s'goht e ganzi Woche.
Bis de Deifel d'Maidli holt,
no lehre d'Buebe
s'koche!

(Übersetzung: Heute ist Fastnacht, morgen ist Fastnacht, es dauert eine ganze Woche. Bis dass der Teufel die Mädchen holt, lernen die Buben das Kochen.

Hansili Du Lump,
häsch it gwisst wenn d'Fasnet kunnt,
hetsch Du' Muul mit Wasser griebe,
wär der's Geld im Beitel bliebe!

(Übersetzung: Hans Du Lump, hast Du nicht gewusst, wann die Fastnacht kommt, hättest Du Deinen Mund mit Wasser ausgerieben, dann wär Dein Geld im Beutel geblieben.)

Borschdig, borschdig, borschdig isch die Sau,
und wenn die Sau it borschdig isch,
no git sie keini Leberwirscht!

(Übersetzung: Borstig, borstig, borstig ist die Sau, und wenn die Sau nicht borstig ist, dann gibt sie keine Leberwürste!)

Titiseer Seeräuber mit ihrem Piratenschiff

Kuttelsuppe

Kuttelsuppe ist eine typische Fastnachtssuppe.

Von Rudolf Schülein sen., Pension Waldwinkel, Lenzkirch

50 g Zwiebeln	fein hacken, mit
40 g Tomatenmark	in
50 g Butter	anrösten mit
70 g Mehl	stäuben. Mit
600 ml Brühe	ablöschen und auffüllen, 10 Minuten kochen lassen, kurz durchmixen. Anschließend
200 g gekochte Kutteln	beigeben, mit
Salz, Pfeffer	sowie
Majoran, Kümmel	
Essig	würzen und abschmecken.

Die Heuhopper treiben an der Fastnacht als weibliches Pendant zum Dengele in Lenzkirch ihr Unwesen.

Waldgeist und Wiedewieble der »Narrenzunft Neustadt auf dem hohen Walde« gehen auf alte einheimische Sagengestalten zurück. 1959 hatte man sie als »Eltern« des Gägs, der Neustädter Narrenfigur, vorgestellt.

Badisches Schneckensüpple

Von Christian Lade, Treschers Schwarzwaldhotel, Titisee

Je 100 g Karotten, Sellerie, Lauch, Zwiebel	fein würfeln.
30 g Butter	erhitzen, die gewürfelten Zutaten anschwitzen. Mit
30 g Mehl	stäuben.
80 g Schnecken (geschnitten, aus der Dose)	und
100 ml Weißwein	zufügen.
400 ml Brühe (kalt)	auffüllen und aufkochen, etwa 10 Minuten kochen lassen. Dann
100 ml Sahne	beigeben, mit
Salz, Pfeffer	sowie
1 cl Pernod	abschmecken und servieren.

Auf Wellnessangebote setzt der Tourismus im Hochschwarzwald. Sauna und Dampfbad gehören zum Standard.

Seerosen blühen auch, bei günstigen Voraussetzungen, in den hohen Lagen des Schwarzwaldes.

Spätzle – Grundrezept

500 g Weißmehl	in eine Schüssel sieben, mit
200 ml Wasser	
5 Eier	
30 ml Öl	sowie
Salz, Pfeffer, Muskat	mischen und den Teig von Hand schlagen, bis er Blasen wirft. Den Teig mit einem Spätzlebrett in kochendes Salzwasser schaben. Einfacher geht es mit einem Spätzlehobel.

Auf Basis des Grundrezepts können zusätzlich Kräuter, Spinat oder gemahlene Nüsse unter den Teig gemischt werden.

Lenzkirch Ortsmitte

Die Jüngsten der Stadtmusik Lenzkirch, einem der größten Musikvereine der Region, unterhalten zu Weihnachten bei einer kleinen Feier ihre Eltern und Betreuer.

Pilzmaultäschle mit Zwiebelschmelze

Von Rudolf Schülein sen., Pension Waldwinkel, Lenzkirch

Der Teig

300 g Mehl	mit
3 Eier	
1 Prise Salz	und
20 g Öl	mischen, einen glatten Teig herstellen, 2 Stunden ruhen lassen.

Die Füllung

100 g Pfifferlinge	sowie
100 g Steinpilze	
100 g Champignons	durch den Fleischwolf geben und mit
1 Zwiebel (gehackt)	in
30 g Butter	andünsten, bis die Pilze trocken sind, abkühlen lassen. Mit
150 g Hackfleisch (gemischt)	und
30 g Petersilie (gehackt)	gut vermengen.
1 Ei	unterziehen, mit
Salz, Pfeffer, Muskat	und
Majoran	würzen.

Die Zusammenstellung

Den Teig dünn ausrollen, in Rechtecke schneiden. Die Füllung darauf geben und einwickeln, die Ränder fest andrücken, anschließend in kochendem Salzwasser etwa 10 bis 15 Minuten ziehen lassen. Nun herausnehmen und abtropfen lassen.

2 Zwiebeln	fein hacken und in
50 g Butter	andünsten, über die Maultäschle geben.

Blühender Garten

Buabaspitzle (Schupfnudeln)

Von Helmut Zier, Mistelbrunn

750 g Kartoffeln (mehlig kochend)	waschen, in Salzwasser garen, abgießen und noch warm pellen, durch die Kartoffelpresse drücken, erkalten lassen. Mit
3 Eier	
180 g Mehl	verkneten und mit
Muskat, Salz	abschmecken. Dann zu einer Rolle formen und in gleichmäßige Stücke schneiden, mit der Handfläche spindelförmig ausrollen. Die Buabaspitzle in kochendem Salzwasser etwa 2 bis 3 Minuten kochen, in kaltem Wasser abschrecken und abtropfen lassen. In
50 g Butter	goldbraun anbraten.

Den Buabaspitzleteig kann man auch mit gehackten Kräutern oder mit fein gehackten Steinpilzen mischen. Eine süße Variante ist, die Schupfnudeln mit warmem Zwetschgenkompott anzurichten.

Maien werden zu den verschiedensten Anlässen im Hochschwarzwald gestellt. So gibt es einen geschmückten Baum zur Hochzeit, Geburt eines Kindes, Geschäftseröffnung und verschiedentlich zum Beginn des Monats Mai.

Die Landwirtschaft im Hochschwarzwald ist auf die Viehhaltung reduziert. Seit einigen Jahren kommt nun aber die Pferdehaltung hinzu. Das Reiten wird hier schon fast zum Volkssport.

Kräuterravioli mit Tomaten und Walnüssen

Der Teig

250 g Mehl	in einer Schüssel mit
2 Eier	
20 ml Olivenöl	
40 ml Wasser	und
10 g Petersilie	gut durchkneten, in Folie einpacken und kühl stellen.

Den Ravioliteig nie salzen, da er sonst brüchig wird. Man kann Ravioli auch gut vorbereiten und auf einem Blech einfrieren.

Die Füllung

2 Schalotten	fein hacken, in
20 ml Olivenöl	andünsten.
2 Tomaten	blanchieren, häuten, würfeln und mit
50 g Walnüsse (gehackt)	zu den Schalotten geben, vermengen, abkühlen lassen. Nun
80 g Quark	
2 Eigelb	sowie
Salz, Pfeffer	zugeben, vermischen.

Die Zusammenstellung

Den Ravioliteig dünn ausrollen, die Füllung einspritzen und die Ränder mit Wasser einstreichen. Eine zweite Schicht Teig darüber, andrücken und ausschneiden, die Ravioli in kochendes Salzwasser geben, 4 bis 5 Minuten ziehen lassen und abschütten.

Olivenöl	erhitzen.
2 Tomaten	in Würfel schneiden, andünsten.
½ Bund Basilikum	grob hacken, zugeben, mitdünsten, mit den heißen Ravioli vermischen und servieren.

Viele Kräuter findet man bei Wanderungen am Wegesrand.

Der Schluchtensteig – 118 Kilometer quer durch einen Naturpark

Der Schluchtensteig Schwarzwald, der neue Fernwanderweg im Süden von Deutschland, ist 118 Kilometer lang und führt quer durch den Naturpark Südschwarzwald von Stühlingen nach Wehr. An der Strecke liegen 13 Gemeinden in drei Landkreisen – Breisgau-Hochschwarzwald, Schwarzwald-Baar und Waldshut. Letzterer hat das Tourismusprojekt initiiert und koordiniert.

Auf den 118 Kilometern über schmale Pfade, wilde Steige und stille Forstwege verläuft der Schluchtensteig von Stühlingen aus zunächst durch die Wutachflühe nach

Rechenfelsen in der Haslachschlucht

Durch die urige Landschaft der Wutachschlucht mit ihren urwüchsigen Wäldern und steil aufsteigenden Flanken aus Muschelkalk gibt es seit 1903 den Ludwig-Neumann-Weg. Seit 1934 eingebunden im Schwarzwaldverein Querweg Freiburg Bodensee und seit neuestem auch im Schluchtensteig.

Blumberg mit den Schleifenbachwasserfällen und weiter durch die wildromantische Wutachschlucht und Haslachschlucht bis nach Lenzkirch. Im weiteren Verlauf wird der Schluchsee erreicht und über den Habsberg gelangt der Wanderer nach St. Blasien mit seinem großen Dom. In der Folge überquert man die sanften Hotzenwälder Hochflächen von Dachsberg und Ibach. Der Schluchtensteig windet sich von Todtmoos aus abschließend durch das dramatische Wehratal dem Ziel Wehr entgegen. Schluchten und Klammen, Wasserfälle und Seen, Hochmoore, Blumenwiesen und Weidfelder, Urwälder und Tannenforste säumen die Routen. Es ist kein reiner Talweg, regelmäßig werden Felskanzeln und Berggipfel angesteuert. Immer wieder öffnen sich Blicke auf die abwechslungsreiche Landschaft. Mal erblickt man den Feldberg über den bewaldeten Schwarzwaldbergen, dann sind es die vergletscherten Berge der Schweizer Alpen.

Der Schluchtensteig ist gut begehbar von Anfang Mai bis in den November. Mit dem ersten Schnee ist seine Begehung in den steilen, alpin anmutenden Abschnitten nicht mehr empfehlenswert. Besonders bei Frost verwandeln sich die schmalen Steige in spiegelglatte Eisbahnen. Den Wanderern auf dem Schluchtensteig wird zu guten, hohen Wanderschuhen geraten. Gewarnt wird vor Steinschlag in einzelnen Abschnitten. Im Abschnitt der Wutachflühe, am Räuberschlössle und in der Haslachklamm führen schmale Steige durch enorm steile Bergflanken – ein Mindestmaß an Trittsicherheit und Schwindelfreiheit ist hier notwendig. Das Schluchtensteigsymbol weist auf allen Richtungsschildern an Wegkreuzungen zuverlässig den Weg. In den Zwischenabschnitten folgt man der Schluchtensteigraute. Mit der nötigen Vorsicht ist der Schluchtensteig auch ein idealer Wanderweg für Kinder. Wasserfälle, Burgruinen, Urwälder, Kletterfelsen und Aussichtstürme begeistern und es kommt sicher keine Langeweile auf.

Viele seltene und geschützte Tier- und Pflanzenarten haben in den Schluchten des Südschwarzwalds einen idealen Lebensraum gefunden. Die Palette reicht vom Apollofalter bis zu Milan und Wespenbussard, von den seltenen Aspisvipern bis zu Luchsen und Hirschen. Botanische Kleinode wie Felsennelke, Orchidee, Türkenbund oder Silberblatt blühen am Wegesrand. Lupine, Königskerze und Akelei sprenkeln die Wälder mit bunten Farbtupfen. Klar ist da auch, dass Pflanzen nicht gepflückt werden und den Wildtieren die nötige Ruhe gewährt wird. Hunde sind daher stets angeleint zu führen.

Die Windbergschlucht, am nördlichen Ortsrand von St. Blasien gelegen, ist Teil des 118 Kilometer langen Schluchtensteiges.

Frische Nudeln

Von Robert Kessler, Gasthof Hirschen, Schluchsee-Fischbach

350 g Mehl	mit
4 Eier	
20 ml Sonnenblumenöl	und etwas
Wasser	zu einem festen, glatten Teig kneten. Anschließend 1 Stunde ruhen lassen. Den fertigen Teig vierteln, die einzelnen Stücke dünn auf einer bemehlten Fläche ausrollen und in 3 mm dicke Streifen schneiden. Danach in sprudelndem Salzwasser al dente (bissfest) kochen.

Verschiedene Variationen

Mit Gemüse:	Die fertigen Nudeln mit blanchierten Gemüsestreifen anschwenken.
Vollkornnudeln:	Dafür benötigen Sie 400 g Vollkornmehl.
Mit Bärlauch:	Zum Teig etwa 30 g Bärlauchpaste (Rezept S. 136) zufügen.
Mit Rote Bete:	Anstatt Wasser verwenden Sie Rote Bete-Saft und zu den fertigen Nudeln geben Sie Rote Bete-Streifen dazu.
Mit Haselnüssen:	Vom Mehlanteil werden 30 g abgezogen und durch 60 g gemahlene Haselnüsse ersetzt.

Kappel im Frühling

Butterknöpfle

Von Markus Ketterer, Seebachstüble, Titisee

350 g Mehl	mit
2 Eier	
3 Eigelb	
120 ml Wasser	sowie
Salz, Pfeffer, Muskat	mischen und so lange kneten, bis der Teig Blasen wirft. Mit einem Spätzlesieb Knöpfle in kochendes Salzwasser geben. Sobald die Knöpfle obenauf schwimmen, herausnehmen und mit kaltem Wasser kurz abschrecken. Anschließend in einer Pfanne mit
30 g Butter	anbraten, würzen und anrichten.

Verschiedene Variationen

Rote Bete-Knöpfle:	Anstatt der 120 ml Wasser verwenden Sie Rote Bete-Saft.
Kräuter-Knöpfle:	Sie können fein gehackte Kräuter, zum Beispiel Schnittlauch und Petersilie unter den Teig mischen.

Auch für Radrennen ist der Hochschwarzwald interessant.

Dauphin-Kartoffeln mit Schinken und Kräutern

Von Helmut Zier, Mistelbrunn

600 g Kartoffeln (mehlig kochend)	in Salzwasser weich kochen, abschütten und schälen, durch die Kartoffelpresse drücken, zur Seite stellen.
130 ml Wasser	mit
50 g Butter	und
Salz, Muskat	aufkochen, die Hitze zurückdrehen und
130 g Mehl	im Sturz beigeben. Auf schwacher Hitze trocken rühren. Kurz auskühlen lassen und mit
3 Eier	sowie
2 Eigelb	vermischen. Die zerdrückten Kartoffeln dazugeben, mit
Salz, Pfeffer	abschmecken. Danach
40 g Schinkenwürfel	beigeben. Zum Schluss
10 g Kräutermischung (Petersilie, Schnittlauch)	zufügen. Dann mit 2 Esslöffeln Nocken formen und in die heiße Friteuse geben, goldgelb ausbacken.

Die Breitnauer Hochebene mit Alpensicht

Eichhörnchen (Sciurus vulgaris), im dunklen Winterfell. Eichhörnchen sind tagaktiv, klettern sehr geschickt und bewegen sich stoßweise. In einigen Orten des Hochschwarzwaldes gibt es sogenannte Eichhörnchenwälder, hier haben die Tiere ihre Scheu vom Menschen fast verloren und lassen sich aus der Hand füttern.

Schülis Kartoffelgratin

50 g Butter	in einem Topf schmelzen.
2 Knoblauchzehen	fein hacken, anschwitzen, mit
200 ml Milch	ablöschen.
150 ml Sahne	auffüllen und mit
Salz, Pfeffer, Muskat	würzen.
800 g Kartoffeln	schälen und in dünne Scheiben schneiden, dazugeben, 10 Minuten garen, dann in eine feuerfeste, gebutterte Gratinform geben. Mit
100 g Käse (gerieben)	bestreuen und im vorgeheizten Ofen etwa 30 bis 40 Minuten gratinieren.

Kartoffel-Selleriepüree

Von Thomas Drubba, Hotel Alemannenhof, Hinterzarten

800 g Kartoffeln	schälen und grob schneiden, in einen Topf geben, leicht salzen und weich kochen. Nun auskühlen lassen und durch die Kartoffelpresse geben.
400 g Sellerie	schälen, in Würfel schneiden und in
30 g Butter	andünsten, mit
200 ml Sahne	auffüllen, weich köcheln, mit dem Mixer pürieren und mit den durchgepressten Kartoffeln mischen. Mit
Salz, Pfeffer	abschmecken.

Das Schanzenzentrum in Hinterzarten mit der großen Adlerschanze K95 und seinen drei Jugendschanzen K15, K30 und K70. Die Anlagen sind das ganze Jahr über sprungbereit.

Neue Kartoffeln mit Tomaten-Oliven-Dip

12 mittelgroße Kartoffeln	gut waschen und in Wasser mit
Salz, Kümmel	garen, abgießen und warm stellen.
400 g Quark	mit
150 ml Sahne	mischen.
3 Tomaten	sternförmig einschneiden, kurz blanchieren, schälen und ausdrücken, in Würfel schneiden.
10 Oliven (aus dem Glas)	in Scheiben schneiden und mit den Tomaten zum Quark geben. Mit
Salz, Pfeffer	sowie
Zitronensaft	abschmecken, zum Schluss
Schnittlauch (in Röllchen)	unterheben, die gekochten Kartoffeln der Länge nach halbieren und mit dem Dip anrichten.

Zu diesem Gericht passen auch sehr gut geräucherte Lachsstreifen.

Die ehemalige Klingenhofsäge wurde von den Mitgliedern des Vereins Heimatpfad Hochschwarzwald restauriert.

Vom großen Wasserrad wird die Säge angetrieben.

Nusskartoffeln

Von Helmut Zier, Mistelbrunn

800 g Kartoffeln	schälen, grob schneiden und in Salzwasser kochen, abschütten und ausdampfen lassen. Anschließend durchpressen, mit
3 Eigelb	mischen und mit
Salz, Muskat	würzen.
50 g Mehl	sowie
80 g Walnüsse (grob gehackt)	unter die Masse mengen, abschmecken und Nocken formen. In
Mehl	wenden und in der Friteuse mit ausreichend
Öl	ausbacken.

Rudenberg ist heute ein Ortsteil der Stadt Titisee-Neustadt. Die Besiedlung der Hochebene erfolgte vermutlich bereits im achten nachchristlichen Jahrhundert.

Wanderreiten im Hochschwarzwald wird immer beliebter.

Brägele – Bratkartoffeln mit Speck und Zwiebeln

800 g Kartoffeln	am Vortag mit
Salz, Kümmel	kochen, erkalten lassen, schälen und in Scheiben schneiden.
100 ml Öl	in einer Bratpfanne erhitzen, die Kartoffelscheiben zugeben und anbraten, nach 3 Minuten
80 g Speckwürfel	und
100 g Zwiebeln (fein geschnitten)	beigeben, durchschwenken.
50 g Butter	dazugeben, mit
Salz, Pfeffer	würzen und abschmecken.

Die modernen Schneepflüge und Schneeschleudern kommen heute aus St. Blasien von der Firma Schmidt.

Einen der ersten motorisierten Schneepflüge im Hochschwarzwald schuf Schmiedemeister Wittmer in Lenzkirch.

Wie das Glas transportiert wurde

Von Marcus Hafner

Lange Zeit waren die Glasbläser, ihre Glashütten und die in die Welt ausschwärmenden Glasträger in den Wäldern typische Vertreter alter Gewerbe. Während vieler Jahrhunderte, insbesondere nach dem Dreißigjährigen Krieg, gehörte die Glasproduktion zu den größten unternehmerischen Tätigkeiten im Schwarzwald. Ähnlich der Produktion von Holzwaren, von Uhren und Textilien war sie lange Zeit neben der üblichen Vieh- und Landwirtschaft ein wesentliches Standbein der heimischen Wirtschaft.

Glasbläser Claus Rotner aus Bernau im Schwarzwald zeigt seine Kunst bei Messen, Ausstellungen und Veranstaltungen sowie in verschiedenen Freizeitparks.

Die Glasproduktion führte nach ihrem großflächigen Aufblühen zu massiven Veränderungen der Landschaft, aber auch zu einer besonderen Kultur der in diesem Beruf tätigen Menschen, insbesondere der Glasträger. Die Landschaft des Schwarzwaldes war durch großflächige zusammenhängende Wälder geprägt. Der Rohstoff Wald führte zur Gründung zahlreicher Glashütten, denn diese waren auf das Holz angewiesen. Mit dem Holz wurde Holzkohle hergestellt, die wiederum bei der Herstellung von Glas eingesetzt wurde. Kein Wunder, dass der Baumbestand mit der Zeit dahin schmolz, weite Flächen des Schwarzwaldes wurden kahl.

Im Rahmen des Glasträgerweges gibt es im Schluchseer Ortsteil Äule eine den Glasträgern gewidmete Bushaltestelle.

Finanziert und unterstützt wurden die Glashütten unter anderem von den großen Klöstern der Region. Nachdem die Produktion von Glas in einer Glashütte für den Transport fertig war, musste sie von den Höhen des Schwarzwalds in die Täler gebracht werden. Dies war die Aufgabe der Glasträger. Mit einer Krätze, der Rückentrage, brachten sie die kunstvollen und zerbrechlichen Glaswaren ihrer Heimat in die Täler und angrenzende Länder Europas. Von der weiten Welt brachten die Glasträger Waren in ihre Heimatorte zurück, aber auch Geschichten aus der Ferne und Fachwissen. Man vermutet, dass der Ursprung der im Schwarzwald so erfolgreichen Tradition der Uhrenindustrie durch Geschichten der Glasträger inspiriert wurde. Viele Nächte hockte man zusammen, schwätzte und lauschte den Erzählungen aus der Fremde, schmiedete neue Ideen. Nicht zuletzt ihre eigene besondere Lebensweise, ständig auf Achse über weite Strecken zu sein, ließ die Glasträger aus dem Schwarzwald zu anerkannten Persönlichkeiten werden.

Im 19. Jahrhundert gerieten die meisten Waldglashütten in wirtschaftliche Not, sie konnten abseits der neuen Handels- und Wirtschaftszentren nicht mehr rentabel produzieren, der Standortfaktor Holz wurde durch Steinkohle verdrängt. Die Glashütten im Schwarzwald sahen ihrem Ende entgegen und damit endete auch die Zeit der Glasträger. Ihre Wege durch die Wälder des Schwarzwalds verwilderten, die Glasöfen erloschen. Meist weisen nur noch Gewann- und Ortsnamen auf die Glasproduktion hin, wie zum Beispiel das Dorf Altglashütten.

Die wenigen Überbleibsel dieses Waldgewerbes dem Besucher des Schwarzwaldes wieder näher zu bringen und dabei unterwegs die untergegangene Kultur der Glasträger ein Stück greifbar werden zu lassen, ist seit einigen Jahren Sinn und Zweck des Glasträgerwegs. Der Themenwanderweg informiert mit interessanten Informationsanlaufstellen an geschichtsträchtigen Orten der Glashütten und Glasträger. In rund acht Tagen führt der Glasträgerweg durch die schönsten Teile des Südschwarzwaldes und zeigt die historischen Orte der Glasproduktion. Die Tour beginnt in Todtnau-Aftersteg, geht über den Feldberg weiter nach Schluchsee, St. Blasien und Bernau. Schließlich geht der Glasträgerweg über den Hotzenwald nach Laufenburg am Hochrhein. Zu den größeren Informationszentren entlang des Weges gehört unter anderem ein Info-Pavillon im Ortsteil Äule von Schluchsee. Dort befand sich die größte und am längsten arbeitende Stätte der Schwarzwälder Glasproduktion. In einem eigens dafür eingerichteten Glasgarten in St. Blasien neben dem Rathaus erzählen moderne Glasstelen die Geschichte der Glashütten. Als Glasstele bezeichnet man frei stehende, mit Relief oder Inschrift versehene Platten oder Säulen.

Wegweiser in Äule am Glasträgerweg

Vor allem das Kloster St. Blasien war neben dem Kloster St. Peter treibende Kraft bei der Eröffnung und Förderung von Glashütten im Hochschwarzwald. Im Heimatmuseum Resenhof in Bernau sind in einem Themenzimmer zum Glasträgerweg Werkzeuge ausgestellt, die bei der Glasproduktion zum Einsatz kamen. Gleiches gilt für das Heimatmuseum in Todtmoos, wo es ebenso einen extra Raum zur Geschichte der Glasträger und Glashütten gibt. Viele dieser ausgestellten Werkzeuge in den Museen waren schon vor mehr als zwei Jahrhunderten so ausgereift, dass sie sich bis heute kaum verändert haben und in den Glasbläserwerkstätten noch immer zum Einsatz kommen.

Wanderer bei der Cariakuskapelle in der Schwende bei Schluchsee. Die Schwende, ein Tal mit großer Lichtung, liegt zwischen Lenzkirch, Oberfischbach und Raitenbuch. Eigentümer ist der Fürst zu Fürstenberg, die derzeit drei Gehöfte werden in Erbpacht als Käserei, Hinterwälder-Zuchtbetrieb sowie Wohnhaus genutzt.

Reibekuchen mit Apfelmus

Von Helmut Zier, Mistelbrunn

1 kg Kartoffeln	schälen und mit einer Reibe fein reiben, mit den Händen ausdrücken und den Kartoffelsaft auffangen, bis sich die Kartoffelstärke gesetzt hat. Die Flüssigkeit abgießen und die Stärke zu den Kartoffeln geben. Mit
150 g Mehl	sowie
3 Eier	
Salz, Pfeffer, Muskat	mischen und gut durchkneten.
100 ml Öl	erhitzen, kleine Reibekuchen auf beiden Seiten gut ausbacken.

Das Apfelmus

600 g säuerliche Äpfel	schälen, entkernen und klein schneiden, mit
200 g Zucker	und
30 ml Wasser	kochen, pürieren und mit
10 ml Zitronensaft	abschmecken. Die Reibekuchen mit dem Apfelmus anrichten.

Das ehemalige Kloster Friedenweiler mit seinem Klosterweiher, heute Freibad, aus der Luft betrachtet

Neue Kartoffeln mit Rosmarin

800 g Frühkartoffeln (neue Ernte)	waschen, in gleich große Stücke schneiden und in einem Topf etwa 10 Minuten blanchieren, abschütten, auskühlen lassen. Nun in
100 ml Öl	andünsten, mit
Salz, Pfeffer	würzen, kurz vor Schluss
30 g frischer Rosmarin (gehackt)	und
30 g Butter	zugeben, nochmals durchschwenken.

Kartoffel-Steinpilzpüree

Von Ricardo Pickert, Hotel Reppert, Hinterzarten

800 g Kartoffeln (mehlig kochend)	schälen und grob schneiden, in Salzwasser weich kochen, abschütten und durchpressen. Mit
150 ml Milch (heiß)	und
50 g Butter	vermengen. Mit
Salz, Pfeffer, Muskat	abschmecken.
30 g Butter	in einer Pfanne erhitzen und
200 g frische Steinpilze (geschnitten)	beigeben, andünsten, abschmecken und unter das Püree heben.

Musiker in Hochschwarzwälder Tracht mit seiner Lyra bei einem Auftritt im Kurpark in Häusern. Das Glockenspiel ist ein Melodieinstrument der Marschkapellen.

Badischer Spargel mit Kratzete

Von Helmut Zier, Mistelbrunn

1,6 kg frischer Spargel	in Wasser einlegen und schälen, unten etwa 2 cm abschneiden, anschließend in Pakete à 400 g binden. Wasser zum Kochen bringen.
50 g Butter	und
Salz	beifügen, den Spargel darin etwa 20 Minuten ziehen lassen, danach herausnehmen.

Die Kratzete

250 g Mehl	mit
250 ml Milch	und
4 Eier	vermischen, mit
Salz, Muskat und Pfeffer	abschmecken. Eine Bratpfanne mit
Butter	erhitzen und dünne Pfannkuchen ausbacken. Kurz vor Schluss die Pfannkuchen kratzen (in grobe Stücke zerreißen) mit dem Spargel anrichten.

Aufgrund der Qualität und des Aromas empfiehlt es sich, deutschen Spargel zu verwenden, die Saison beginnt in der Regel ab April. Zu den Spargeln mit Kratzete passt heiße Butter oder Sauce Hollandaise (Rezept S. 149).

Breitnau mit seinen rund 1950 Einwohnern liegt abseits vom Massentourismus. Das Ortsbild wird von der im 18. Jahrhundert erbauten Kirche geprägt.

Badischer Spargel mit frischen Morcheln

Von Helmut Zier, Mistelbrunn

Je 400 g grüner und weißer Spargel	schälen und Pakete mit jeweils 6 Stangen binden. Die Spargelpakete in kochendes Salzwasser geben und etwa 10 bis 15 Minuten kochen, herausnehmen und abdecken.
120 g frische Morcheln	halbieren, putzen und gründlich waschen.
1 Schalotte	fein hacken und mit den Morcheln in
50 g Butter	anschwitzen. Mit
80 ml Weißwein	ablöschen und zur Hälfte einreduzieren.
200 ml Sahne	auffüllen, durchkochen lassen und mit
Salz, Pfeffer aus der Mühle	würzen. Mit
10 ml Zitronensaft	abschmecken. Zum Schluss
50 ml Sahne	schlagen, unterheben und mit dem Spargel anrichten.

Dazu schmeckt ein Blätterteigkissen (beim Bäcker vorbestellen).

Landschaft im Frühling

Bergsee zwischen hohen Tannen

Der Titisee ist ein Bergsee zwischen hohen Tannen, die mit den Wurzeln im Wasser stehen. Der Sage nach wurde der See von einem starken Mann, dem Feldbergriesen, in die Wälder hineingelegt. Wenn die Oberfläche des Sees ganz glatt liegt, sieht man eine Kirchturmspitze, die aus dem Wasser ragt und hört die Glocken läuten.

Weiter in der Tiefe kann man die Schwarzwaldhäuser, die Gassen, Dächer und Gärten, wo Goldlack und Fuchsien blühen, erkennen. Dicht unter der Wasseroberfläche sind die Tannenspitzen des Waldes zu erkennen, der einst die Stadt umgab. Einst lag dort das Kloster mit strahlend weißer Fassade. Doch dann vergaßen die Bauern ihren Stand und wurden durch den Wohlstand übermütig. Sie benutzten die Krusten des frisch gebackenen Brotes, um daraus Pantoffeln herzustellen, so die Sage.

Diese Verschwendung ärgerte den großen Feldbergriesen so sehr, dass er in seiner Wut das ganze Tal überflutete. Die Wassermassen aus dem Seebuckgebiet am Feldberg überfluteten Stadt und Kloster. Wenn der See ruhig und klar daliegt, erscheint ein Trugbild, man sieht Höfe, Gärten, Bäume, Gassen ... und hört Glocken magisch klingen.

Titisee wurde erstmals in einer vom 4. September 1111 datierten Urkunde von Kaiser Heinrich V. erwähnt. Ein adeliges Paar – Bernhard und Bertha von Saig – schenkte dem Benediktinerkloster Allerheiligen zu Schaffhausen ihr Gut und den Titisee samt einer Wiese dort. Die ersten Menschen lebten vermutlich schon in der Zeit um 700 bis 900 am Titisee.

Rundfahrtschiff auf dem Titisee

Glasierte Rote Bete

Von Markus Ketterer, Seebachstüble, Titisee

4 gleich große Rote Bete (600 g)	mit Schale in Wasser mit
Salz, Kümmel	knackig kochen, schälen und in kleine Würfel schneiden.
30 g Butter	in einem Topf erhitzen.
30 g Zucker	sowie
2 Schalotten (gehackt)	darin andünsten, die Rote Bete beigeben. Mit
50 ml Brühe	ablöschen und weiter glasieren, mit
Salz, Pfeffer aus der Mühle	abschmecken.

Glasierter Sellerie

1 mittelgroße Sellerieknolle (ca. 600 g)	schälen und in 6 Teile schneiden, in einem Topf Wasser mit
Salz, Zitronensaft	aufkochen, herausnehmen und in Stücke (Scheiben) schneiden.
30 g Butter	erhitzen.
30 g Zucker	sowie
2 Schalotten (gehackt)	und den Sellerie dazugeben und andünsten. Zum Schluss
Petersilie, Schnittlauch	zufügen und mit
Salz, Pfeffer aus der Mühle	abschmecken.

Ehemalige Zehntscheuer in Gündelwangen

Sellerie-Piccata

800 g Sellerie	waschen, schälen und halbieren, in 5 mm dicke Scheiben schneiden. In leicht gesalzenem Wasser mit dem
Saft einer Zitrone	knackig kochen, herausnehmen, abkühlen lassen und trocknen. Mit
Salz und Pfeffer	würzen in
50 g Mehl	wenden.
2 – 3 Eier	und
100 g Reibekäse	vermischen, die Selleriescheiben in der Eimasse wenden und in
50 ml Öl	und
50 g Butter	goldgelb backen.

Das Tomatencoulis

30 g Olivenöl	erhitzen, darin
1 Knoblauchzehe (gehackt)	und
50 g Zwiebeln (gehackt)	andünsten.
500 g Tomaten	kreuzweise einschneiden und in heißem Wasser kurz (30 Sekunden) blanchieren, herausnehmen, abkühlen. Die Haut abziehen, ausdrücken, in Würfel schneiden, zu den Zwiebeln geben und andünsten. Mit
Oregano	und
Salz, Pfeffer	abschmecken, mit den Selleriescheiben anrichten.

***Tomatencoulis** wird auch zum Würzen von Suppen und Saucen verwendet.*

Der Feldbergturm auf dem Seebuck war einst eine Sendeanlage des Südwest Rundfunks. Heute ist er ein Aussichtsturm, der einen überwältigenden Rundumblick bietet. Im Turm ist auch Deutschlands höchstgelegenes Trauzimmer.

Großvaterkraut

Das Rezept stammt ursprünglich von Alfred Stich (Schlichli), einem Raitenbucher Original.

Von Lorenz Meier, Gasthaus Grüner Baum, Raitenbuch

1 kg Weißkraut	in feine Streifen schneiden.
100 g Zwiebeln (gehackt)	in
100 g Schweineschmalz/ Butter	andünsten und das Weißkraut beigeben, mit Wasser auffüllen.
400 g geräucherter Speck	beifügen und weich kochen.
50 g Mehl	überstäuben.
2 – 3 Kartoffeln (gekocht, gerieben)	sowie
Essig	unterrühren. Mit
Salz, Pfeffer	abschmecken. Den Speck aufschneiden und mit dem Kraut anrichten.

Historischer Vorratsspeicher in Raitenbuch

Das Raitenbucher Original Alfred Stich, genannt Schlichli, beim Dengeln (Schärfen) einer Sense

Honig-Pastinaken und glasierte Rosenkohlblätter

Von Ricardo Pickert, Hotel Reppert, Hinterzarten

350 g Pastinaken	schälen und in Würfel schneiden, in etwas Wasser bissfest garen. Mit
Salz, Pfeffer aus der Mühle	und
Weißwein	abschmecken. Anschließend mit
20 g Butter	und
20 g Honig	vermengen, und die Pastinaken beigeben.
100 g Rosenkohlblätter	in Salzwasser garen, mit
10 g Butter	im Topf andünsten und mit
Salz, Pfeffer	sowie
Muskat, Zucker	nochmals abschmecken, über die Pastinaken geben.

Die Imkerei im Hochschwarzwald ist weit verbreitet. Bei Trachtenumzügen gibt es hin und wieder auch einen Imker mit seinen Gerätschaften zu sehen. Der Honig ist auch Grundlage für einen Honigschnaps.

Schmorgurken

Von Thomas Drubba, Hotel Hofgut Sternen, Breitnau

2 Salatgurken	schälen, halbieren und das Kerngehäuse entfernen, in kleine Würfel schneiden.
2 Schalotten (fein gehackt)	in
30 g Butter	andünsten.
1 Thymianzweig	dazugeben, mit etwas Wasser ablöschen und mit
Salz, Pfeffer, Zucker	abschmecken. Zum Schluss
Dill (gehackt)	und
Petersilie (gehackt)	beigeben.

Champagnerkraut

Von Helmut Zier, Mistelbrunn

30 g Butter	in einem Topf erhitzen.
1 Schalotte (fein gehackt)	zugeben und andünsten.
500 g Sauerkraut (aus der Dose)	abbrausen, beigeben. Mit
100 ml Champagner/Sekt	ablöschen.
50 ml Weißwein	dazugeben und 1 Stunde kochen lassen. Mit
Salz, Pfeffer	abschmecken und
100 ml Sahne	zugeben, 10 Minuten einkochen.

Passt gut zu Fischgerichten (Rezepte ab S. 116).

Bauerngarten im Spätsommer

Der gute Geist des Hochschwarzwaldes

Schwarzwälder Kirschwasser ist ein weit bekannter Begriff für ein hochwertiges Produkt, den guten Geist für Genießer. Etwas Besonderes sind dabei die Edelbrände aus dem Hochschwarzwald. In der Region gibt es nur einige wenige Brennereien, die im Nebenerwerb betrieben werden und die regelmäßig Kirschwasser herstellen. Vielfach liegt noch bei den großen Höfen des Hochschwarzwaldes ein Brennrecht, das aber meist nur noch ausgeübt wird, um es zu erhalten. So wird oft nur alle zehn Jahre auf den Höfen gebrannt.

Die Kirschbäume für das Schwarzwälder Kirschwasser stehen häufig im Markgräflerland, im Kaiserstuhl und in der Rheinebene, teilweise aber auch in den westlichen Randgebieten des Hochschwarzwaldes. Für die Produktion des lieblichen Kirschwassers werden die kleinen schwarzen Schnapskirschen bevorzugt. »Um ein hervorragendes Kirschwasser zu brennen, sollten diese Kirschen am Baum hängen, bis sie zuckersüß sind, auch die Böden und die Höhe beeinflussen die Qualität«, erklärt Nebenerwerbsbrenner Leonhard Wißler, der gern Besuchern seine kleine aber feine Brennerei erklärt. Die Früchte aus den Höhenlagen, dort wachsen sie langsamer, entwickeln die meisten Aromen. Die sonnengereiften Kirschen werden von Hand gepflückt, eingemaischt und vergoren.

Sobald der Gärprozess abgeschlossen ist, wird das Kirschwasser nach alter Tradition, aber mit moderner Technik in der wasserbeheizten Kupferbrennblase destilliert. Jeder Brenner hat hier sein eigenes, geheimes Rezept. Die Maische wird in die Brennblase gefüllt und zum Sieden

Feuern der Brennblase durch Leonhard in der Brennerei Wißler

erhitzt. Die heißen Dämpfe werden durch den Helm und das Geistrohr in die Verstärkerkolonne mit Glockenböden geleitet. Die Glockenböden haben die Aufgabe, den Alkohol zu verstärken und das Destillat zu reinigen. Auf seinem weiteren Weg muss der Alkoholdampf den Dephlegmator passieren. Ein Dephlegmator ist ein Kondensator, mit dem durch Kühlung Alkoholdämpfe teilweise wieder verflüssigt werden. Die durch den Dephlegmator geschlüpften Dämpfe gehen durch das Geistrohr in den Röhrenkühler, wo sie vollständig kondensiert, also verflüssigt werden. Die Schwierigkeit dabei besteht in der sauberen Abtrennung der minderwertigen Vor- und Nachläufe vom Hauptlauf, also vom Herzstück des Destillates. Gerade hier zeigt sich das Können und die Erfahrung des guten Brenners. Das flüssige Destillat enthält nun zwischen 60 und 80 Volumenprozent Alkohol. Nach mehreren Monaten Lagerzeit wird das hochprozentige Kirschwasser mit weichem Wasser aus einer eigenen Quelle auf Trinkstärke reduziert. Das Hochschwarzwälder Kirschwasser kommt mit einer Konzentration von 37 bis 43 Volumenprozent auf den Markt.

Einen Rat zum Lagern und Trinken hat der Fachmann auch parat: Das Schwarzwälder Kirschwasser soll, wie andere Obstbrände, kühl und dunkel gelagert werden. Nach dem Öffnen der Flasche trinkt man das Kirschwasser zeitnah mit einer Temperatur von ungefähr 16 Grad Celsius, da sonst die Aromen vom Sauerstoff gestört werden. Auch als Aromastoff findet das Kirschwasser Verwendung, so im Käsefondue, in Pralinen und in der Schwarzwälder Kirschtorte.

Brennblase in der Brennerei Wißler in Lenzkirch

Verkostung der Produkte in der Brennerei Wißler

Rotkraut

600 g Rotkraut	in feine Streifen schneiden oder fein hobeln. Mit
50 ml Essig	und
100 ml Rotwein	marinieren. Ein Gewürzsäcklein bestehend aus
Wacholder	
Pfefferkörner	
Lorbeer	und
Kümmel	beigeben, 1 Stunde marinieren.
50 g Schmalz/Butter	erhitzen, darin
50 g Zwiebeln (fein geschnitten)	andünsten, das marinierte Rotkraut dazugeben und etwa 1 Stunde leicht köcheln.
100 g Äpfel	fein schneiden, dazugeben.
100 g Preiselbeerkompott	beigeben. Mit
Salz, Pfeffer	abschmecken, nochmals 10 Minuten kochen lassen.

Die Ruine Urach ist ein letztes Zeugnis der bewegten Geschichte der Region.

Erpel im See

Kartoffel-Zucchini-Puffer

Von Helmut Zier, Mistelbrunn

400 g Zucchini	waschen und raspeln.
500 g Kartoffeln	schälen und ebenfalls raspeln, mit den Händen ausdrücken und den Kartoffelsaft auffangen, bis sich die Kartoffelstärke gesetzt hat. Flüssigkeit abgießen und die Stärke zu den Kartoffeln geben. Anschließend die Zucchiniraspel mit den Kartoffeln mischen. Mit
Salz, Pfeffer, Muskat	würzen und abschmecken.
Butter oder Öl	in der Pfanne erhitzen und die von Hand geformten Taler (etwa 8 cm Ø) langsam ausbacken.

Dazu passt ein Quarkdip mit Schnittlauch und Tomaten (Rezept S. 139).

Speckbohnen

Von Helmut Zier, Mistelbrunn

400 g frische Bohnen	putzen und in
1 l Salzwasser (kochend)	etwa 5 Minuten blanchieren. Abschütten und kalt abbrausen.
30 g Butter	in einer Pfanne erhitzen und darin
40 g Zwiebeln (fein gehackt)	sowie
50 g Speck (fein geschnitten)	andünsten. Die Bohnen beigeben und mit
50 ml Brühe	ablöschen. Mit
Salz, Pfeffer	würzen und 2 bis 3 Minuten garen lassen.

Im Hochschwarzwald wächst der Schlafmohn wild. Ein Anbau, auch als Zierpflanze, ist in Deutschland genehmigungspflichtig.

Gemüsegratin überbacken mit Bärlauch-Hollandaise

200 g kleine Kartoffeln (neue Ernte)	waschen und mit der Schale klein schneiden, in kochendem Salzwasser etwa 5 Minuten blanchieren und abgießen. Auf ein Tuch legen.
Je 150 g Karotten, Broccoli, grüner und weißer Spargel	putzen beziehungsweise schälen und einzeln in Salzwasser bissfest kochen, abschütten und mit kaltem Wasser abschrecken.
Je 200 g Blumenkohl und Kohlrabi	putzen, schälen, schneiden und ebenfalls in Salzwasser bissfest kochen. Die Gemüse in
30 g Butter	anschwenken und mit
Salz, Pfeffer	sowie
1 Prise Zucker	abschmecken. Die Kartoffeln in
30 g Butter/Öl	leicht anbraten, mit
5 g Kümmel	
Salz, Pfeffer	würzen, mit dem Gemüse mischen und auf feuerfesten Tellern anrichten.
Sauce Hollandaise (Rezept S. 149)	mit
20 g Bärlauch (gehackt)	mischen, über das Gemüse geben und im heißen Backofen bei 180 bis 200 °C etwa 5 bis 10 Minuten überbacken.

Wandergesellen auf der Walz

Glasierte Kastanien

Von Helmut Zier, Mistelbrunn

40 g Zucker	in einem Topf karamellisieren, mit
100 ml Brühe	ablöschen und mit
50 ml Sahne	aufkochen.
10 g Butter	und
400 g TK-Kastanien (ganz, geschält)	beifügen, zugedeckt sirupartig einkochen. Zum Schluss mit
Salz, Pfeffer	würzen.

Der Dom zu St. Blasien

Der Dom zu St. Blasien hat die drittgrößte Kirchenkuppel in Europa. Das Rund des zentralen Kuppelraumes entspricht im Durchmesser mit 36 Metern genau der Hohe vom Fußboden bis zum Scheitel der Kuppel. Die Säulen, die wie eine innere Schale den Raum umfassen, ragen 18 Meter empor und tragen die Kuppel als Halbkugel, deren Radius ebenfalls 18 Meter beträgt. Der Chor hat wiederum eine Länge von zweimal 18 Metern.

Glasträger brachten die erste Uhr

Der Holzreichtum des Hochschwarzwaldes zog im ausgehenden Mittelalter die ersten Glashüttenbetreiber in den Hochschwarzwald. Letztlich kann man heute rund 90 Glashütten beziehungsweise Glashüttenplätze aus der Zeit ab dem 13. Jahrhundert nachweisen.

Vor Ort waren die Produkte der Glashütten nicht zu vertreiben. So wurden die Glaswaren von Trägern, die sich in Glasträgerkompanien zusammengeschlossen hatten, in ganz Deutschland und den angrenzenden Ländern vertrieben. Ein solcher Glasträger soll es gewesen sein, der um das Jahr 1640 von seiner Reise nach Böhmen, andere Quellen sprechen von Südeuropa, eine Uhr mitbrachte. Sie wurde zerlegt und nachgebaut. Besonders in den langen Wintermonaten beschäftigten sich Hochschwarzwälder Bauern mit der Uhrenherstellung. Solch eine frühe Schwarzwald-Uhr hatte ein Zwölf-Stunden-Laufwerk und bestand gänzlich aus Holz – auch die Zahnräder und Achsen. Nach und nach wurden dann auch Bauteile aus Metall gefertigt. Während die ersten Uhren noch schmucklos und auf den praktischen Nutzen ausgerichtet waren, wurden die Ziffernblätter und Uhrenschilde immer kunstvoller. Weltweit bekannt wurde die Kuckucksuhr, die in der heute bekannten Form erst 1854 entstand. Fast 200 Jahre wurden im Hochschwarzwald Uhren ausschließlich in Heimarbeit hergestellt.

Herstellung und Verkauf trennten sich. Die Uhrenträger zogen mit einer Rückentrage, der Krätze, durch das Land, um die Ware unter die Leute zu bringen. Bald schlossen sie sich zu Handelsgesellschaften zusammen und organisierten den Vertrieb. So kamen Schwarzwälder Uhren bis nach Holland und England, nach Italien und Spanien, selbst in die Türkei und nach Russland. Sogar in Vorderasien arbeitete eine Uhrenkompanie.

Unter Sammlern zählen Lenzkircher Uhren zu den Kostbarkeiten; dabei nimmt der Name der 1849 gegründeten Uhrenfabrik »Schöpperle und Hauser«, die am 31. August 1851 in die »Aktiengesellschaft für Uhrenfabrikation Lenzkirch« (AGUL) umgewandelt wurde, eine besondere Rolle ein. 15 Auszeichnungen auf internationalen Ausstellungen (in München 1854,

Uhrenträger brachten die Hochschwarzwälder Erzeugnisse in die weite Welt. Heute sieht man sie nur noch bei Trachtenumzügen und folkloristischen Veranstaltungen.

London 1862, Paris 1867 und 1900, Chile 1875, Philadelphia 1877 und Barcelona 1888, ...) dokumentieren die führende Stellung Lenzkirchs und zeugen vom hohen Qualitätsstandard der Lenzkircher Uhren. Im Februar 1894 konnte bereits das millionste Werk hergestellt werden, bereits im Mai 1923 das zweimillionste. In ihrer 80-jährigen Geschichte produzierte die AGUL rund 2,4 Millionen verschiedene Uhrwerke. In kürzester Zeit entwickelte sich die Firma durch Innovation, Ausstattung und Vielseitigkeit zu einem der führenden Uhrenhersteller. In ihrer Blütezeit, gegen Ende des 19. Jahrhunderts, fertigten bis zu 650 Mitarbeiter Uhren mit einer Kollektion von über 200 Werktypen.

Nicht nur die Uhrenproduktion, sondern auch die Förderung der Region und soziales Engagement lag den Gründern der AGUL am Herzen. So entstand der Bau der Höllentalbahn und des Lenzkircher Krankenhauses unter ihrer Mitwirkung. Sie saßen im Badischen Landtag, im Reichstag in Berlin und anderen politischen und gesellschaftlichen Gremien und gestalteten so Gegenwart und Zukunft des Hochschwarzwaldes mit. 1927 erlosch die AGUL aus wirtschaftlicher Not und 1931 schloss die Uhrenfabrik Lenzkirch – nach einem kurzen Engagement der Firma Junghans aus Schramberg – endgültig ihre Pforten. Heute ist das Werksgelände mit seinem modernen Hochregallager unter Lenzkircher Handwerkern und Betrieben aufgeteilt. An die Geschichte der Uhrenproduktion erinnern die Lenzkircher Uhren-Freunde. Im Kurhaus haben sie viele Exponate in Vitrinen ausgestellt.

Der Hochschwarzwald ist ein holzreiches Waldgebiet. Langholzwagen sind ständig im Einsatz.

Kuckucksuhren gehören in den Hochschwarzwald.

Wirsinggemüse

Von Helmut Zier, Mistelbrunn

600 g Wirsing	putzen und den Strunk entfernen, die Blätter in Würfel schneiden, in Salzwasser blanchieren, danach abschütten und kalt abschrecken.
30 g Butter	erhitzen, darin
30 g Zwiebeln (fein gehackt)	andünsten, mit
30 g Mehl	stäuben, vermischen und
250 ml Sahne	sowie
100 ml Milch	beigeben, aufkochen. Kurz durchmixen, den gewürfelten Wirsing beigeben und 5 Minuten kochen lassen, mit
Salz, Pfeffer	abschmecken.

Markttag im heilklimatischen Ganzjahreskurort Lenzkirch

Gegen Ende des 16. Jahrhunderts wandelte sich das Hochschwarzwälder Bauernhaus, das Heidenhaus. Es wurde größer, die Firstrichtung änderte sich quer zum Hang und der Wohnteil schaut ins Tal. Originalbelassene Höfe finden sich auch noch in Menzenschwand.

Linsengemüse

200 g getrocknete Linsen	über Nacht einweichen und abschütten. Salzwasser aufkochen, Linsen zufügen. Etwa 15 Minuten kochen lassen, bis sie bissfest sind, dann abschütten.
30 g Butter	erhitzen, darin
30 g Zwiebeln (fein gehackt)	andünsten, mit
10 g Mehl	stäuben und mit
150 ml Sahne	auffüllen. Die Linsen beigeben und kochen lassen, kurz vor Schluss
2 g Safran	beigeben und mit
Salz, Pfeffer	abschmecken.

Kürbisgemüse

1 Kürbis (ca. 1½ kg)	schälen und entkernen. In 1 cm große Würfel schneiden, in
1½ l Salzwasser (kochend)	etwa 10 Minuten blanchieren, abschütten.
50 g Butter	in einem Topf erhitzen, darin
½ Zwiebel (gehackt)	anschwitzen. Den Kürbis beigeben und dünsten, mit
150 ml Hühnerbrühe	auffüllen und mit
1 Prise Curry	und
Salz, Pfeffer	abschmecken. Zum Schluss
50 ml Sahne	zugeben und anrichten.

Kürbisse finden in der modernen Küche Verwendung als Gemüse, Suppe oder Parfaits. Aber auch zum herbstlichen Schmuck oder ausgehöhlt und mit Licht versehen als Kürbisköpfe werden sie verwendet.

Rinderschmorbraten in Dunkelbiersauce

Von der Brauhausküche Rogg, Lenzkirch

Je 50 g Karotten, Sellerie, Zwiebeln, Lauch	grob schneiden und mit
250 ml Rotwein	
250 ml Dunkelbier	
250 ml Wasser	
2 Lorbeerblätter	sowie
2 Nelken	aufkochen, dann abkühlen lassen.
1 kg Rindfleisch (Oberschale)	in die Marinade geben und 3 Tage zugedeckt ruhen lassen. Danach gut abtrocknen und mit
Salz, Pfeffer	würzen. In
50 ml Öl	rundum anbraten. Das Gemüse ebenfalls aus der Marinade nehmen und mitbraten.
60 g Rübenkraut (Melasse)	hinzufügen. Mit
150 ml Dunkelbier	ablöschen. Einen Teil der Marinade auffüllen, eventuell noch etwas Marinade nachgießen. Den Braten etwa 2 Stunden im Ofen schmoren, das Fleisch ab und zu drehen. Sobald es gar ist, das Fleisch aus dem Bräter nehmen und warm stellen. Die Sauce absieben und eventuell etwas Bier nachschütten.
Kartoffelstärke	anrühren und die Sauce damit abbinden.

Ein frisch gezapftes Bier schmeckt am besten.

Badische Ochsenbrust

Von Christian Lade, Treschers Schwarzwaldhotel, Titisee

1 kg Ochsenbrust	in kochendem Wasser blanchieren, abschütten und mit kaltem Wasser wieder ansetzen.
1 Stange Lauch	aufschneiden und putzen.
3 Karotten	und
2 Zwiebeln	halbieren, das Gemüse zur Ochsenbrust geben und aufkochen.
10 g Salz	sowie
2 Lorbeerblätter	
Pfefferkörner (zerdrückt)	beifügen und etwa 2 Stunden sieden lassen. Dann herausnehmen und in Scheiben schneiden.

Die Sauce

50 g Zwiebeln	fein hacken und in
20 g Butter	andünsten, mit
30 g Mehl	stäuben. Mit
150 ml Milch	und
150 ml Sahne	ablöschen und auffüllen.
100 g Meerrettich	reiben und beigeben. Mit
Salz, Pfeffer	
Zucker, Zitronensaft	würzen und abschmecken, kurz mixen und abpassieren. Über das Fleisch geben.

Zur Ochsenbrust passen Salzkartoffeln und Rote Bete-Salat. Von der Ochsenbrust bekommt man auch eine leckere Fleischbrühe.

Im Schwarzwald serviert man gerne noch Preiselbeerkompott (Rezept S. 139) dazu.

Die Landwirtschaft im Hochschwarzwald ist auf die Viehzucht reduziert. Das Klima lässt den Anbau von Nahrungsmitteln nicht zu.

Ochsenschwanzragout

2 kg Ochsenschwanz	an den Gelenken durchschneiden.
1 l Spätburgunder	mit
50 g Sellerie, 50 g Karotten	
1 Zwiebel	
Knoblauch (nach Belieben)	
Lorbeerblätter, Pfefferkörner	sowie
Thymian, Rosmarin	kurz aufkochen, abkühlen lassen. Dann den Ochsenschwanz darin marinieren. Etwa 2 Tage zugedeckt im Kühlschrank stehen lassen. Den Ochsenschwanz herausnehmen und abtropfen lassen, in
100 ml Öl	heiß anbraten. Das Gemüse von der Marinade beigeben, mitrösten. Anschließend
40 g Tomatenmark	beigeben und mitrösten, mit
1 l Rotwein	sowie Marinade ablöschen. Den Ochsenschwanz im Backofen bei 160 bis 180 °C etwa 2 bis 3 Stunden schmoren. Gelegentlich etwas Wasser nachfüllen. Danach den gar geschmorten Ochsenschwanz herausnehmen, die Sauce einreduzieren, mit
2 cl Cognac	und
Salz, Pfeffer	abschmecken, nach Belieben abbinden. Mit dem Ochsenschwanz nochmals aufkochen.

Dazu passen Schupfnudeln (Rezept S. 42) oder Kartoffelpüree.

Blick vom Habsberg ins Albtal mit St. Blasien mit dem Dom im Hintergrund

Bussarde benötigen als Lebensraum den Wald zum Brüten und offene Flächen zur Nahrungsbeschaffung. Seit einigen Jahren nehmen die Bestände im Hochschwarzwald wieder zu.

Pochiertes Rinderfilet auf Estragonsauce

30 g Butter	schmelzen, mit
300 ml Kalbsfond (Rezept S. 140)	und
50 ml Weißwein	ablöschen.
4 Rinderfilets (à 180 g)	leicht mit
Salz, Pfeffer	würzen. Die Rinderfilets roh dem Sud beigeben und 4 Minuten auf jeder Seite pochieren, herausnehmen und im Backofen warm stellen. Den Sud einreduzieren.
5 g Estragon (getrocknet)	beigeben und mit
20 g Mehlbutter (Rezept S. 136)	abbinden. Kurz durchkochen lassen.
100 g Butter (kalt)	in Würfeln unter den Sud mixen, mit
Zitronensaft	und
Worcestersauce	abschmecken. Das Filet anrichten und mit der Sauce nappieren.

Dazu passen Kürbisgemüse (Rezept S. 75) und Dauphin-Kartoffeln (Rezept S. 48).

Hornschlittenrennen im Hochschwarzwald

Das historische Rathaus in Freiburg mit einem Bächle. Die Bächle sind ein Wahrzeichen der Stadt. Sie finden sich in den meisten Straßen und Gassen der Altstadt.

Rinderrouladen mit Gemüsefüllung

Je 300 g Knollensellerie, Karotten, Kohlrabi	Stifte von etwa $\frac{1}{2}$ cm Dicke und 8 cm Länge schneiden. Die Reste klein schneiden.
300 g Lauch	putzen, waschen, die hellen Teile in 8 cm lange Streifen schneiden, die grünen Teile beiseite legen.
4 Rinderrouladen (à 160 g)	flach drücken, mit
2 TL scharfer Senf	bestreichen, mit
Salz, Pfeffer	würzen. Jeweils mit einigen Gemüsestiften belegen. Die Fleischscheiben mit dem Gemüse zu Rouladen rollen und mit Küchengarn zusammenbinden. Außen ebenfalls würzen.
2 EL Öl	in einem Schmortopf erhitzen, die Rouladen rundherum anbraten und wieder herausnehmen.
1 Zwiebel	in Würfel schneiden, im Schmortopf mit dem restlichen Gemüse, dann mit
250 ml Bratensauce (Rezept S. 148)	und
125 ml Rotwein	ablöschen. Die Rouladen wieder beigeben und 1 $\frac{1}{2}$ Stunden bei schwacher Hitze gar schmoren. Eventuell etwas Flüssigkeit nachgießen. Zum Schluss die Rouladen herausnehmen, die Sauce abpassieren, mit
1 EL Crème fraîche	verfeinern und mit
Salz, Pfeffer	abschmecken.

Dazu passen sehr gut Kartoffelpüree oder Semmelknödel (Rezept S. 133).

Auf der Weide

Aufgeschlagenes Lehrbuch der Geologie: die Wutachschlucht

Zu den schönsten und interessantesten Wandergebieten des Hochschwarzwaldes zählt die Wutachschlucht. Sie ist daher auch ein Teil des neuen Schluchtensteiges Schwarzwald. Aber nicht nur die Schlucht selber ist hoch interessant, auch ihre Seitenschluchten stehen dem in nichts nach. Das gesamte Gebiet steht unter Naturschutz. Das Wutachgebiet ist auch Exkursionsziel vieler Studenten- und Schülergruppen, von Amateurgeologen und Paläontologen, Wissenschaftlern und »Aktivurlaubern«. Die Landschaft um die Wutach wird gerne als »aufgeschlagenes Lehrbuch der Geologie« bezeichnet.

Die Tour durch die Schlucht auf dem Wanderweg des Schwarzwaldvereins, dem »Ludwig-Neumann-Weg« – Neumann, ein Präsident des Wandervereins, war es, der 1904 veranlasste, dass der Weg durch die Wutachschlucht angelegt wurde – beginnt bei Kappel-Gutachbrücke, dem Natursteinviadukt der Höllentalbahn Freiburg Donaueschingen. Bei der Kappel-Gutachbrücke wird aus der friedlich fließenden Gutach, die ihren Ursprung am Feldberg im Feldsee hat und als Seebach in den Titisee und nach dem Austritt erst als Gutach fließt, die stärker dem Rhein zustrebende

Die Wutachschlucht wird auch als Grand Canyon des Schwarzwalds bezeichnet. An dieser hohen Muschelkalkwand beim Rümmelesteg versickert der Fluss, um dann nach rund anderthalb Kilometern wieder aufzutauchen.

Wutach. Gleich von Westen kommt dann das Haslachtal und kurz darauf von Norden der Rötenbach, der sich auch tief und steil in die Landschaft eingegraben hat.

Badens ältestes Flusskraftwerk liegt ein kurzes Stück des Weges in der Wutachschlucht zwischen Holzschlag am südlichen Rand der Schlucht und dem im Norden gelegenen Göschweiler in der Nähe der Burgruine Stallegg. Diese gab dann auch dem Flusskraftwerk den Namen. 1894 wurde mit den Bauarbeiten an der Wutach begonnen. Die Bogenstaumauer aus dem neuen Werkstoff Beton ist Anfang 1895 fertig. Das Prinzip der Bogenstaumauer war für die damalige Zeit revolutionär. Von hier aus wird das Wasser durch einen Stollen zu dem 191 Meter entfernten Maschinenhaus geleitet, wodurch ein Nutzgefälle von 10 Metern entsteht. Ab September 1895 wird das Pumpenhaus der Brauerei Fürstenberg in Donaueschingen mit Strom versorgt. Am 6. Oktober 1895 bricht schließlich für die Bevölkerung die neue Ära an: 3480 in Wohnungen und auf den Straßen von Donaueschingen installierte Lampen erhellen die Nacht.

Vorbei an der Stallegger-Brücke, einer überdachten Flussüberquerung und dem hohen Felsklotz mit dem Räuberschlössle wird zur Schattenmühle gewandert. Hier mündet die von Süden kommende wild-romantische Lotenbachklamm mit ihren sehenswerten Wasserfällen in die Wutach. Hier ist das Ende des ersten Teils.

Ein Grillplatz lädt bei der Schurhammerhütte zur Rast ein. Die Hütte in der Wutachschlucht war früher sogar während der Wandersaison an den Wochenenden bewirtet.

Einen Ausstieg aus der Wutachschlucht, beziehungsweise Einstieg, gibt es bei der Schurhammerhütte. Alle Wege sind hervorragend ausgeschildert.

Von der Schattenmühle aus beginnt der mittlere Teil der Wutachschlucht. Die Wanderroute ist mit der Markierung weiß-rote Raute auf gelbem Grund versehen. Zunächst kommt man über Dietfurt zum einstigen Heilbad Boll. Es war schon zur Römerzeit bekannt. Heute erinnert nur noch eine Tafel an das große Anwesen, das vor allem Gäste aus England anzog. Auf einem Vorsprung der Wutachhalde steht noch als einziges Gebäude die Badhof-Kapelle. Der Wanderweg, der Ludwig-Neumann-Weg, führt nur wenige Schritte entfernt an ihr vorbei. Der einstige Badhof dürfte im 12. Jahrhundert erbaut worden sein, als Meierhof des Schlosses Tannegg. Dessen Ruine liegt zwischen Boll und der Wutach.

Nach dem Bad führt der Weg mehr oder weniger direkt am Fluss entlang zur Schurhammerhütte. Dieser Teil ist wohl der interessanteste der ganzen Schlucht. Zwischen 100 Meter hohen Muschelkalkwänden schlängelt sich der Fluss abwechselnd auf der linken und rechten Talseite hindurch bis zum Rümmelesteg, wo er plötzlich in den Felswänden verschwindet, um nach etwa einem Kilometer flussabwärts wieder an die Oberfläche zu kommen. Teilweise ist der Weg in die Felswände gemeißelt und wird über Brücken und Stege geführt. Weiter talabwärts stößt man auf die von Norden herkommende Gauchachschlucht. Unterhalb von Ewattingen, einem Ortsteil der Gemeinde Wutach, endet die mittlere Wutachschlucht. Der dritte Teil der Schlucht, die Wutachflühe, zieht sich von Achdorf, dem Scheffelort, abwärts nach Grimmelshofen. Die Wutachschlucht ist in verschiedene Rettungssektoren eingeteilt. Sie ermöglichen der Bergwacht im Fall der Fälle gezielte Maßnahmen.

Nach rund anderthalb Kilometern nach ihrer Versickerung taucht die Wutach wieder aus dem steilen Fels auf. Der Wanderweg ist hier gerade mal zwei Fuß breit.

Teilweise recht abenteuerlich sind die Wanderwege in der Wutachschlucht, die von den Wanderern einiges abverlangen.

Schwarzwälder Milchkalbsfilet im Kräutermantel auf Pilzragout

Von Thomas Drubba, Hotel Alemannenhof, Titisee/Hinterzarten

800 g Milchkalbsfilet	abparieren, in Stücke à 200 g schneiden.
Je ¼ Bund Thymian, Rosmarin, Kerbel, Petersilie, Estragon	fein schneiden. Das Filet mit
Öl	einreiben und in der Kräutermischung wenden, in Klarsichtfolie und anschließend in Alufolie einwickeln (wie ein Bonbon). Wasser in einem Topf auf etwa 80 °C erhitzen und die Filets 18 Minuten pochieren (ziehen lassen). Nach Ende der Garzeit aus dem Wasser nehmen und 10 Minuten ruhen lassen. Aus der Folie nehmen, mit
Salz, Pfeffer	würzen.

Die Sauce

100 ml Cassislikör	sirupartig einkochen, danach mit
800 ml Kalbsfond (Rezept S. 140)	auffüllen und zur Hälfte einkochen. Mit
Stärkemehl	abbinden, mit
Salz, Pfeffer	abschmecken.

Als Beilage passt das Kartoffel-Selleriepüree (Rezept S. 49).

Das Pilzragout

200 g Champignons	sowie
200 g Pfifferlinge	
200 g Steinpilze	putzen und klein schneiden, mit
6 Schalotten (fein gehackt)	in
50 g Butter	andünsten. Mit
50 ml Weißwein	ablöschen und mit
Salz, Pfeffer, Zucker	würzen. Das Filet auf dem Pilzragout anrichten und mit der Sauce nappieren.

Hochebene Hof Schwärzenbach

Eingemachtes Kalbfleisch

Von Lorenz Meier, Gasthof Grüner Baum, Lenzkirch

1 Zwiebel	schälen und halbieren.
½ Stange Lauch	putzen. Das Gemüse in
1 l Wasser	mit
2 Nelken	
1 Lorbeerblatt	
10 g weiße Pfefferkörner	
Salz	aufkochen.
20 ml Essig	beigeben.
800 g Kalbfleisch (Brust oder Bug)	in Würfel à 40 g schneiden und dem Sud beigeben. Bei milder Hitze etwa 30 bis 40 Minuten ziehen lassen, abschütten und den Sud auffangen.
50 g Butter	schmelzen, mit
40 g Mehl	stäuben, mit
125 ml trockener Weißwein	ablöschen und
125 ml Sahne	auffüllen. Etwa 300 ml Sud beifügen und rund 10 Minuten durchkochen. Anschließend mit
Muskat, Pfeffer	
Zitronensaft	und
Worcestersauce	würzen. Die Kalbfleischwürfel beigeben und nochmals aufkochen.

Zum Gericht passen Butternudeln (Rezept S. 46) und Karottengemüse.

Gasthof Grüner Baum in Raitenbuch

Kalbsfilet mit Steinpilzragout

720 g Kalbsfilet	in 8 Medaillons schneiden, mit
Salz, Pfeffer	würzen. In
50 ml Öl	anbraten.
1 Rosmarinzweig	beigeben, die Medaillons im vorgeheizten Ofen (160 °C) etwa 10 Minuten ziehen lassen.
3 Schalotten	fein hacken und in
20 g Butter	mit
30 ml Olivenöl	andünsten.
300 g frische Steinpilze	putzen, in Scheiben schneiden, beigeben und mitdünsten.
2 Tomaten	blanchieren, Kerne entfernen, Fruchtfleisch in Würfel schneiden, dazugeben.
20 g Petersilie (gehackt)	und
20 g Schnittlauch	kurz vor Schluss beigeben, mit
Salz, Pfeffer	würzen. Die Filets auf
200 ml Sahnesauce (Rezept S. 141)	anrichten und die Pilze darüber geben.

Über dem Wiesental

Grabstein an der Klosterkirche in Friedenweiler

Kalbsroulade mit Blattpetersilie und Schwarzwälder Schinken

Von Matthias Hermann, Restaurant Felsenstüble, St. Märgen

80 g mageres Kalbfleisch	in kleine Würfel schneiden und mit
80 ml Sahne	mischen, etwa 15 Minuten im Kühlschrank durchkühlen lassen. Mit
1 Bund Blattpetersilie (geschnitten)	zu einer Farce (Füllung) fein mixen. Mit
Salz, Pfeffer	würzen, wieder kühl stellen.
4 Kalbschnitzel (à 180 g)	dünn klopfen, mit der Farce einstreichen.
80 g Schwarzwälder Schinken	und ein paar Blätter
Petersilie	darauf legen, einrollen und zusammenbinden. Leicht mit
Salz, Pfeffer	würzen. In
50 ml Öl	scharf anbraten, im Backofen bei 100 °C etwa 25 bis 30 Minuten garen, das Fleisch kann noch in der Mitte leicht rosa sein. Den Fleischsaft mit
150 ml Sahne	einkochen, mit
Salz, Pfeffer	
Zitronensaft	abschmecken. Die Sauce kurz durchmixen und separat dazu reichen.

Empfehlung dazu: goldgelbe Rösti und frisches Gemüse vom Markt.

Vom Hochfirstturm hat man bei klarem Wetter eine weite Aussicht über den Schwarzwald und die Baar. Der Hochfirst ist ein bewaldeter, 1190 Meter hoher Berg zwischen Saig und Titisee. Der Turm wurde 1890 in Stahlfachwerkbauweise errichtet und ist 25 Meter hoch. Er steht auf einem Natursteinsockel, der von einem 1888 errichteten Holzturm, der 1890 einem Orkan zum Opfer fiel, stammt.

Kalbshaxe mit Biersauce

1 Kalbshaxe (ca. 1,8 kg)	parieren und mit
Salz, Pfeffer	einreiben. Den Backofen auf 180 °C vorheizen.
50 ml Öl	im Bräter erhitzen, die Haxe rundherum anbraten, herausnehmen.
1 Zwiebel	sowie
2 Karotten	
¼ Sellerieknolle	putzen, grob schneiden, in den Bräter geben und anrösten.
40 g Tomatenmark	dazugeben, mitrösten, mit Wasser zweimal ablöschen und einkochen.
500 ml Bier	und
500 ml Kalbsfond (Rezept S. 140)	beigeben, die Haxe einlegen, im Ofen bei 170 bis 180 °C etwa 2 Stunden schmoren. Von Zeit zu Zeit drehen und mit Sauce übergießen, eventuell Flüssigkeit nachschütten (Wasser oder Bier). Sobald die Haxe gar ist, herausnehmen und noch 15 Minuten im Ofen ruhen lassen. Die Sauce abpassieren, abschmecken, eventuell abbinden, zum Schluss
50 g Butter	untermixen, die Haxe aufschneiden und mit Sauce übergießen.

Die Haxe mit Semmelknödel (Rezept S. 133) und Rotkraut (Rezept S. 68) servieren.

Breitnau-Fahrenberg

Geschnitzter historischer Wegweiser am Rathaus in Lenzkirch

Gebackenes Kalbsbries mit Pfifferlingen und Feldsalat

500 g Kalbsbries	etwa 6 Stunden wässern, bis die Adern klar sind.
1 l Wasser	mit
10 g Salz	
je 30 g Sellerie, Lauch	
1 Zwiebel	
1 Lorbeerblatt	
Pfefferkörner	und
Wacholderbeeren	aufkochen. Das gewässerte Kalbsbries beigeben, 5 Minuten kochen und ziehen lassen. Anschließend im Fond erkalten lassen. Das Bries herausnehmen und die Häute und Adern entfernen, in 1 cm dicke Scheiben schneiden. Mit
Salz, Pfeffer	würzen und in
Mehl	wenden. In der heißen Pfanne goldgelb anbraten.
300 g Feldsalat	putzen, auf Tellern anrichten, das Kalbsbries dazugeben.
20 g Butter	erhitzen, dann
20 g Schalotten (gehackt)	
150 g Pfifferlinge (geputzt)	beigeben und kurz anbraten. Anschließend über Feldsalat und Bries geben. Zum Schluss mit
Vinaigrette (Rezept S. 23)	nappieren.

Flaschenstäubling oder Flaschenbovist: Junge Boviste sind weiß, im reiferen Stadium werden sie gelblich bis graubraun. Sie sind von Juni bis November vor allem in den Laub- und Nadelwäldern des Hochschwarzwaldes zu finden.

Kalbskopf und Züngle in Schalotten-Basilikumjus mit Bratkartoffeln

Von Christian Lade, Treschers Schwarzwaldhotel, Titisee

1 Kalbskopf	abziehen, zusammen mit dem Knochen und der Zunge sowie
Zwiebeln	und
1 Lorbeerblatt	
Wacholderbeeren	
Nelken	etwa 2 Stunden in Salzwasser kochen. Danach kurz abschrecken und ausputzen. Das Fleisch in mundgerechte Würfel schneiden. Die Zunge längs in Scheiben schneiden. Für die Sauce
2 Schalotten	fein hacken und in
20 g Butter	andünsten. Mit
200 ml Rotwein (trocken)	ablöschen und mit Bratensaft auffüllen. Abschließend mit
Salz, Pfeffer	würzen. Die Kalbskopfwürfel in die Sauce geben und
Basilikum (geschnitten)	unterheben. Die Zungenscheiben in der Kalbsbrühe erwärmen und mit dem Kalbskopf anrichten.

Dazu Bratkartoffeln (Rezept S. 52) reichen.

Herbst im Hochschwarzwald

Der Tag des offenen Stalls ist eine bundesweite Veranstaltung der Reiterlichen Vereinigung. In der Scheune gibt es dazu einen gemütlichen Hock wie im Kreuzhof in Lenzkirch.

Geister am Moorsee

Geheimnisvoll wirkt die dunkle Wasserfläche des Ursees bei Lenzkirch. Nixen und Elfen sollen hier in Vollmondnächten zu sehen sein. Um den dunklen Weiher ranken sich einige Sagen, die auch mit den Lenzkircher Narrengestalten in Verbindung gebracht werden. Zwei Spukgestalten, der Dengelegeist und der Tubacksbue sollen hier ihr Unwesen treiben. Während der Dengelegeist eher gutmütiger Natur ist und den Bauern manchmal bei der Feldarbeit hilft, ist der Tubacksbue ein böser Geist, der keine Ruhe findet.

Eine Sage berichtet von einem Bauern, der unweit des Ursees mit einem Ochsengespann das Feld pflügte. Bei der Bärenhöhle, fast am Ende des Urseetales, blieben die beiden Ochsen stehen und bewegten sich keinen weiteren Schritt vor noch zurück. Der Bauer geriet in Zorn und schrie wütend: »Wenn eu' nu' der Teufel hole dät!« Da rannten zu seinem Entsetzen die Ochsen ins Urseemoor und versanken. Nach vielen Jahren wurde das Gespann an den Ufern des Titisees gefunden, der der Sage nach durch einen unterirdischen Wasserlauf mit dem Ursee verbunden sein soll. Der Ursee liegt etwa 1,6 Kilometer westlich des Ortsrandes von Lenzkirch im Talgrund, unmittelbar südlich der Straße Lenzkirch-Raitenbuch-Altglashütten.

Naturschutzgebiet Ursee bei Lenzkirch

Der Stoßfelsen bildet den westlichen Abschluss des Urseetals bei Lenzkirch. Der gewaltige Fels hat eine kleine Höhle, die »Bärenhöhle«, weil hier einst Bären gehaust haben sollen.

Suuri Leberle mit Brägele

Von Lorenz Meier, Gasthof Grüner Baum, Lenzkirch-Raitenbuch

600 g Schweineleber	in Streifen schneiden, mit
Pfeffer aus der Mühle	würzen, in
80 ml Öl	und
30 g Butter	heiß anbraten, herausnehmen und mit
Salz	würzen.
50 g Zwiebeln (fein gehackt)	andünsten, mit
100 ml Rotwein	und
30 ml Essig	ablöschen, kurz einkochen. Mit
200 ml Bratensauce (Rezept S. 148)	auffüllen.
50 g Essiggurkenwürfel	sowie
50 g Tomatenwürfel	beigeben, die Leber wieder hineingeben und aufkochen. Abschließend mit
Salz, Pfeffer	abschmecken.

Dazu serviert man Brägele (Rezept S. 52). Die Leberle werden meistens um die Fasnachtszeit angeboten.

Raitenbuch mit dem historischen Wildenhof im Frühling

Ein Hängebauchschwein kann dem Wanderer schon einmal in dem kleinen zwischen Raitenbuch und Lenzkirch gelegenen Weiler Berg entgegenkommen. Die Rasse kommt aus Südostasien.

Schweinelendchen mit Apfel und Nüssen

720 g Schweinelende	in 8 Medaillons schneiden, mit
Salz, Pfeffer aus der Mühle	würzen. In
40 g Mehl	wenden und in
50 ml Öl	heiß anbraten. Nun im vorgeheizten Ofen (150 °C) etwa 10 Minuten garen.
30 g Butter	im Topf mit
2 Schalotten (fein gehackt)	andünsten.
1 – 2 Äpfel	schälen, vom Kerngehäuse befreien, würfeln und beifügen.
50 g Walnüsse (gehackt)	dazugeben, mitdünsten. Mit
30 ml Calvados	ablöschen, mit
100 ml Sahne	und
100 ml Bratenjus	auffüllen. Kurz einreduzieren und mit
Salz, Pfeffer	sowie
Zitronensaft	abschmecken. Die Filets mit der Sauce nappieren (überziehen).

Zu den Filets passen Apfelcrêpes (Rezept S. 132).

Campingimpressionen

Apfelernte im Hochschwarzwald – vielfach gibt es nur Mostobst.

Badischer Krustenbraten in Biersauce

Von Helmut Zier, Mistelbrunn

1 kg Schweinekeule mit Schwarte	einschneiden (nur die Schwarte), mit
Salz, Pfeffer, Kümmel, Senf	und
1 Knoblauchzehe (fein gehackt)	einreiben. Im Bräter mit
50 ml Öl	rundherum anbraten und mit der Schwarte nach unten in den Bräter legen.
500 ml Wasser	dazugießen, im vorgeheizten Backofen bei 200 °C etwa 20 Minuten schmoren lassen.
1 Zwiebel	und
2 Karotten	
¼ Sellerieknolle	klein schneiden, beifügen, mitrösten, den Braten wenden.
30 g Tomatenmark	beimengen und mitrösten, zweimal mit etwa 200 ml Wasser ablöschen und einreduzieren lassen.
500 ml helles Bier	beigeben und mit
200 ml Bratenjus	auffüllen, den Braten von Zeit zu Zeit mit Sauce überziehen (eventuell noch Bier nachschütten). Nach 1 Stunde den Braten mit der Kruste nach oben drehen und etwa 20 Minuten weiter braten, anschließend den Braten herausnehmen und warm stellen, die Sauce mixen und abpassieren (eventuell abbinden). Mit
Salz, Pfeffer	abschmecken, den Braten aufschneiden, mit der Sauce überziehen.

Dazu passen Semmelknödel (Rezept S. 133), Großvaterkraut (Rezept S. 63) und ein kühles Bier!

Oldtimertreffen gibt es regelmäßig in verschiedenen Orten des Hochschwarzwaldes. Die Liebhaber alter Autos, Motorräder oder Traktoren kommen hier gerne zu Ausfahrten zusammen.

Schweinemedaillons mit Holundersauce und Nüssen

Von Helmut Zier, Mistelbrunn

8 Schweinemedaillons (à 60 g)	leicht klopfen, mit
Salz, Pfeffer aus der Mühle	würzen.
30 g Öl	erhitzen, die Medaillons anbraten, warm stellen.
100 ml Weißwein	und
100 ml Kalbsfond (Rezept S. 140)	aufkochen mit
30 g Mehlbutter (Rezept S. 136)	binden und mit
200 ml Sahne	auffüllen.
30 g Holundergelee	unter die Sauce geben, mit
1 Prise Chilipfeffer,	und
Salz	
Zitronensaft	würzen. Die Medaillons auf einem vorgewärmten Teller anrichten und mit der Sauce nappieren.
20 g Butter	erhitzen,
50 g Walnüsse (gehackt)	und
40 g Holunderkompott	anschwenken, über die Medaillons geben.

Haustiere wie Schweine, Ziegen, Schafe und Hühner findet man in der Region immer wieder in Streichelzoos von Gastronomiebetrieben.

Holunderheide bei St. Blasien

Schweinefilet in der Kartoffelkruste

600 g Schweinefilet	sehr sauber putzen (parieren) und in 4 gleich große Stücke schneiden.
4 große Kartoffeln	in dünne Scheiben schneiden, mit
Salz, Pfeffer aus der Mühle	würzen. Das Schweinefilet mit den Kartoffeln einwickeln und mit Küchengarn binden – normalerweise halten die rohen Kartoffelscheiben auch ohne Garn. Dann in etwas
Mehl	wenden. In heißem Fett anbraten und 10 Minuten im vorgeheizten Ofen bei 180 °C backen. Jedes Filet einmal schräg durchschneiden und auf
Morchelrahmsauce (Rezept S. 145)	anrichten.

Dazu passen verschiedene Gemüsesorten. Anstatt Garn können Sie auch Schweinenetz verwenden.

Badisches Schäufele mit Kartoffelsalat

1 Zwiebel	mit
1/4 Stange Lauch	
Lorbeer, Kümmel	
Pfefferkörner	in
2 – 3 l Wasser	aufkochen.
1 kg Schäufele (Schulterblatt, gepökelt und geräuchert)	beigeben und 1 1/2 Stunden gar kochen beziehungsweise zugedeckt ziehen lassen. Das Schäufele dann schneiden und mit
800 g Kartoffelsalat (Rezept S. 19)	anrichten.

Hochschwarzwälder Gemütlichkeit am Stammtisch

Höllentalbahn – von Freiburg i.B. nach Donaueschingen

1887 wurde die Höllentalbahn – die Eisenbahnstrecke von Freiburg im Breisgau durch das Höllental nach Donaueschingen – in Betrieb genommen. Was diese Bahn anziehend macht, ist die Landschaft: Das Höllental mit dem Hirschsprung, die Ravennaschlucht mit ihrem Viadukt, der Titisee und der Feldberg. Die Bahnlinie steigt auf einer Streckenlänge von 25,4 Kilometern von Freiburg aus von 268 Metern auf 885 Meter über dem Meer in Hinterzarten. Im Abschnitt zwischen Himmelreich und Hinterzarten beträgt die Steigung stellenweise bis zu 57,14 Prozent – eine der steilsten Bahnlinien Deutschlands.

Es werden zwischen Freiburg und Neustadt neun Tunnel durchquert. Der Höhepunkt einer Reise ist die Vorbeifahrt am Hirschsprungfelsen und die Überquerung der Ravennaschlucht auf dem gleichnamigen 40 Meter hohen Viadukt. Die zweite Hälfte der Strecke in Richtung Donaueschingen ist vor allem durch große Brückenbauwerke über die Wutach und ihre Nebenflüsse gekennzeichnet. Die Bahn durchfährt auch noch sechs Tunnel.

Moderner Triebwagenzug der Höllentalbahn auf der Gutachbrücke bei Kappel, zwischen Löffingen und Neustadt gelegen.

Nachdem Freiburg 1845 an die Badische Hauptbahn angebunden worden war, wuchs bei den östlich von Freiburg gelegenen Gemeinden das Interesse an einem Eisenbahnanschluss. Die Badische Staatsregierung ließ dies prüfen, kam jedoch zu dem Ergebnis, dass die technischen Voraussetzungen für eine Strecke mit so großen Steigungen noch nicht vorhanden seien. Nachdem am 24. Mai 1882 die Konzession für den Bau der Strecke durch das Höllental vorlag, begannen die Bauarbeiten, so dass der Abschnitt von Freiburg bis Neustadt am 21. Mai 1887 von den Großherzoglich Badischen Staatseisenbahnen eröffnet wurde. Er war das letzte Werk des Eisenbahningenieurs Robert Gerwig.

Aufgrund seiner Steigung wurde der Abschnitt zwischen Hirschsprung und Hinterzarten zunächst von Zahnradlokomotiven bewältigt. Der Weiterbau bis nach Donaueschingen verzögerte sich aufgrund fehlender finanzieller Mittel. Er erfolgte erst am 20. August 1901. Um möglichst viele Orte an die Bahnstrecke anzubinden, wurde auf diesem Abschnitt ein deutlich längerer Streckenverlauf in Kauf genommen als notwendig gewesen wäre. Am 14. Dezember 1927 wurde die Brücke über die Ravennaschlucht bei Hinterzarten durch einen neuen Viadukt ersetzt, da sie den Anforderungen nicht mehr gewachsen war. Beim Bau des neuen Viadukts wurde die Höllentalbahn in diesem Streckenbereich begradigt.

Der Bahnhof Hirschsprung der Höllentalbahn im Jahre 1886. Ab hier erfolgte bergwärts der Einsatz der Zahnradschublok.

Schienenbusse bewältigten bis in die 1970er Jahre den Personenverkehr auf der Nebenstrecke der Höllentalbahn nach Bonndorf.

Anfang der 1930er Jahre wurde die Höllentalbahn zwischen dem Freiburger Hauptbahnhof und Freiburg-Littenweiler umtrassiert, so dass der Bahnhof Freiburg-Wiehre verlegt werden musste und die Rheintalbahn seit dem kreuzungsfrei überbrückt wird. Leistungsfähige Bremsen und zehn Dampflokomotiven der Baureihe 85 machten es möglich, ab 1933 auf die Zahnstange zu verzichten. Die Lokomotiven dieser Baureihe waren die schwersten deutschen Einheits-Tenderlokomotiven. Der Abschnitt Freiburg-Neustadt ist seit 1934 elektrifiziert. Der Viadukt über die Ravennaschlucht wurde am 23. April 1945, kurz vor Ende des Zweiten Weltkriegs gesprengt. Dasselbe Schicksal erlitten am gleichen Tag beide Hirschsprungtunnel sowie der Lorettotunnel am Tag des Einzugs der Franzosen in Freiburg (21. April).

Von der Höllentalbahn zweigt in Titisee die Dreiseenbahn ab, die 1926 eröffnet wurde. Bereits am 26. September 1907 wurde die knapp 20 Kilometer lange Strecke vom Bahnhof Kappel-Gutachbrücke nach Bonndorf eröffnet. Sie wurde vom Bahnhof Neustadt/Schwarzwald aus befahren und wechselte nach knapp sieben Kilometern im Spitzkehrenbahnhof Lenzkirch die Fahrtrichtung. Mit einer Entfernung von nur 1,36 Kilometern zwischen Lenzkirch und Unterlenzkirch besaß die Strecke den kürzesten Stationsabstand im südlichen Schwarzwald. 1976 wurde sie gänzlich stillgelegt und abgebaut, nachdem schon zehn Jahre zuvor der Personenverkehr eingestellt wurde. Auf fast der gesamten Länge der ehemaligen Bahntrasse wurde zwischen 2003 und 2008 der Bähnle-Radweg eingerichtet. Dieser ist seit 2009 ein Teilstück des Südschwarzwald-Radwegs, der rund um den Naturpark Südschwarzwald führt.

Historischer Zug auf der Gutachbrücke bei Neustadt

Dampflok-Sonderzug in Titisee

Lammkeule im Heu

1 Lammkeule (1½ kg)	mit
3 Knoblauchzehen	spicken und mit
30 g Kräuter der Provence	sowie
Salz, Pfeffer, Senf	einreiben. Die Keule in
50 ml Öl	rundherum anbraten, auf einen Rost legen und im vorgeheizten Ofen bei 160 °C etwa 1 Stunde garen. Dabei drei- bis viermal wenden. Unter dem Rost sollte ein Backblech sein, um den Bratensaft aufzufangen. Den Ofen dann ausschalten und die Keule noch etwa 10 Minuten ziehen lassen.
Frisches, duftendes Heu	in einen Bräter legen, die Keule hineingeben, mit Alufolie bedecken und im ausgeschalteten Ofen 20 Minuten ziehen lassen. Anschließend die Lammkeule aufschneiden und ohne Heu anrichten.

Die Lammkeule nimmt den Duft des Heus auf und die Keule schmeckt so besonders gut. Dazu passen Brägele (Rezept S. 52) und Speckbohnen (Rezept S. 69).

Am Rande der Wutachschlucht

Wanderer und Biker am Feldberg

Lammkotelett im Kartoffelstroh

8 Lammkoteletts (à 60 g)	mit
Salz, Pfeffer aus der Mühle	würzen.
700 g Kartoffeln	schälen und fein reiben, mit
Thymian	
2 Knoblauchzehen (gehackt)	sowie
Salz, Pfeffer aus der Mühle	mischen. Die Lammkoteletts in
60 g Mehl	und
2 Eier	wenden, mit dem Kartoffelstroh einpacken und in
50 ml Öl	langsam in der Bratpfanne ausbacken (10 Minuten), kurz vor Schluss
30 g Butter	beigeben und anrichten.

Zu den Lammkoteletts passt Linsengemüse (Rezept S. 75) und Bratensauce (Rezept S. 148).

Blick vom Belchen auf das Mont-Blanc-Massiv

Uhrenträger macht Werbung in Titisee.

Wildschweinkotelett mit Zibärtlesauce

8 Wildschweinkoteletts (à 80 g)	leicht klopfen und mit
Salz, Pfeffer aus der Mühle	würzen. Nun in der Bratpfanne mit
50 ml Öl oder Butter	heiß anbraten, dann im Ofen warm stellen.
30 g Schalotten	hacken, in
30 g Butter	andünsten.
150 g Zibärtle (Wildpflaume)	davon 100 g sowie
1 Apfel	schneiden, dazugeben, mitdünsten. Mit
50 ml Zibärtlebrand	ablöschen und auffüllen. Mit
50 g Preiselbeerkompott (Rezept S. 139)	und
Salz, Pfeffer, Lorbeer	würzen.
20 ml Essig	sowie
150 ml Bratensauce (Rezept S. 148)	beigeben, 10 Minuten leicht kochen lassen, mixen und abpassieren. Die verbliebenen 50 g Zibärtle klein schneiden, als Einlage beigeben. Zum Schluss
30 g Butter	unterrühren.

Wanderer auf dem 1415 Meter hohen Herzogenhorn

Wildsauen gibt es im Hochschwarzwald sehr viele. Die äußerst scheuen Tiere sind in der freien Wildbahn kaum zu sehen. In den Tiergehegen kann man sie mit Futter anlocken und bestaunen.

Rehmedaillon in Holundersauce

12 Rehmedaillons (à 50 g)	leicht klopfen, mit
Salz, Pfeffer aus der Mühle	würzen und in der Bratpfanne mit
Öl oder Butter	heiß anbraten. Aus der Pfanne nehmen und im Ofen warm stellen.
30 g Butter	und
30 Schalotten (fein gehackt)	mit der Hälfte von
60 g schwarze, rohe Holunderbeeren	andünsten.
2 Äpfel	klein schneiden, beigeben, mit
50 ml Rotwein	ablöschen und mit
100 ml Orangensaft	und
100 ml Bratensauce (Rezept S. 148)	auffüllen. Mit
50 g Holundergelee	
Salz, Pfeffer,	
1 Lorbeerblatt	und
Pfefferkörner	etwa 10 Minuten kochen lassen, dann mixen, passieren, abschmecken und nach Belieben noch abbinden. Den Rest Schwarzer Holunder als Einlage beigeben und nochmals aufkochen, die Sauce über die Medaillons geben.

Zu den Rehmedaillons passen Spätzle (Rezept S. 40) und ein Spätburgunder Rotwein.

Gasthaus Blume in Kappel

Windräder zur Energiegewinnung sind im Hochschwarzwald umstritten. Es wird die »Verspargelung« der Landschaft befürchtet.

Ein Ranger passt auf

Seit dem 1. Oktober 1989 gibt es für das Naturschutzgebiet Feldberg den »Ranger« vom Regierungspräsidium Freiburg. Das Naturschutzgebiet Feldberg ist nicht nur das älteste und größte Naturschutzgebiet des Landes Baden-Württemberg, es ist auch eines der beliebtesten Ausflugsziele in der Region. Im Sommer kommen knapp 500 000 Gäste und im Winter zwischen 500 000 und einer Million.

Seit Beginn ist Achim Laber der Ranger und er ist sich heute sicher, dass dadurch im Naturschutz am Feldberg einiges bewegt werden konnte. In Zusammenarbeit mit dem Naturschutzzentrum und der Feldbergtouristik hat er verschiedene Programme ausgearbeitet und umgesetzt. Sehr beliebt sind die Rangerwanderungen. Eingeführt hat er auch einen »Hosentaschen-Ranger«. Das ist ein satellitengestützter Kleincomputer, der die Besucher – die nicht um das ganze Feldbergmassiv herumlaufen möchten – über den wildromantisch-schönen Felsenweg führt. Diese Wanderung ist mit sechseinhalb Kilometern deutlich kürzer als die Wanderung über den Feldbergsteig und so auch für Familien mit Kindern attraktiv. Ausgeliehen wird der Taschen-Ranger im Haus der Natur.

Achim Laber ist nicht nur der erste Ranger auf dem Feldberg, er gehört auch zu den ersten in ganz Deutschland. Er hatte Forstwirtschaft studiert und kam so zu dem Beruf. Heute kann man eine Fortbildung zum staatlich geprüften Natur- und Landschaftspfleger machen. In vielen Bundesländern ist das die Voraussetzung für den Beruf. »Auf jeden Fall muss man Liebe zur Natur mitbringen und Freude im Umgang mit Menschen haben«, so Laber. Im Sommer ist er oft draußen, vor allem mit Gästen, denen er den Feldberg zeigt. Meist gilt es etwas zu besprechen, anzuschauen oder zu kontrollieren, ob Verstöße gegen die Naturschutzverordnung vorliegen. Dafür hat er zur Entlastung auch noch die Sommer-Ranger an seiner Seite – ehrenamtliche Naturschutzwarte von Bergwacht und Schwarzwaldverein. Diese sind dann auch für die eigentliche Überwachung zuständig. Die praktischen Arbeiten – wie Zäune aufbauen – werden von Zivis und Absolventen des Freiwilligen Ökologischen Jahres erledigt.

Im Hochschwarzwald gibt es einige Schutzgebiete für Kreuzottern.

Im Winter hat Achim Laber dann mehr Zeit, um immer wieder neue Ideen für die Ausstellung im Haus der Natur auszuhecken, Naturerlebnispfade zu planen oder sonstige Angebote rund um die Natur am Feldberg zu erarbeiten. Außerdem gibt es im Winter noch seine Schneeschuhtouren. Mit dem Haus der Natur sind die Aufgaben extrem vielfältig und abwechslungsreich geworden. Beispielsweise hat er mit seinem Team den »Wichtelpfad im Auerhahnwald« auf dem Feldberg angelegt, einer der schönsten Naturerlebnispfade Baden-Württembergs. Er war auch ein ganzes Jahr mit der 3D-Kamera draußen und hat für die 3D-Schau Bilder sowie Filme für den Hosentaschen-Ranger gemacht.

Am Fuße des Feldberges im Hochschwarzwald befindet sich seit 2001 das modernste Naturschutzzentrum des Landes Baden-Württemberg im Haus der Natur Südschwarzwald. Das Naturschutzzentrum bietet zahlreiche Möglichkeiten, die vielfältige Natur- und Kulturlandschaft rund um den höchsten Berg des Landes unmittelbar zu erleben und kennen zu lernen. Eine große Dauerausstellung zeigt interaktiv und multimedial alles über die Geschichte, die Kultur, den Naturschutz und die Tiere und Pflanzen im Südschwarzwald und besonders am Feldberg. Eine Besonderheit ist die virtuelle Ballonfahrt über den Hochschwarzwald. Getragen wird das Naturschutzzentrum Südschwarzwald von einer gemeinnützigen Stiftung.

Wanderer am Feldberg

Silberdisteln mit »Besuchern« auf dem Feldberg

Rehrücken nach Schwarzwälder Art

1 kg Rehrücken mit Knochen	oben einschneiden (am Knochen entlang) und mit
Salz, Pfeffer aus der Mühle	würzen. Den Backofen auf 180 °C vorheizen.
50 ml Öl und 50 g Butter	im Bräter erhitzen, das Fleisch rundum anbraten. Nun im Ofen etwa 20 bis 30 Minuten braten, von Zeit zu Zeit mit Öl oder Butter übergießen. Den Rücken aus dem Bräter nehmen und 15 Minuten ziehen lassen, anschließend das Filet vom Knochen lösen und schneiden.
2 Schalotten	hacken und in
30 g Butter	andünsten.
100 g Pfifferlinge	sowie
100 g Steinpilze	
100 g Champignons	putzen, schneiden, beigeben und mitdünsten. Mit
Salz, Pfeffer aus der Mühle	würzen und die Pilze über den Rücken geben.
200 ml Sahnesauce (Rezept S. 141)	dazu servieren.

Zum Rehrücken reicht man Spätzle (Rezept S. 40), Rosenkohl und Preiselbeerkompott (Rezept S. 139).

Herbststimmung im Hochschwarzwald

Der Fliegenpilz ist ein Pilz aus der Gattung der Wulstlinge. Er ist giftig, aber besonders wenn er jung ist, schön anzuschauen. Er kommt vom Sommer bis zum Herbst verbreitet in Nadel- und Laubwäldern vor.

Gebratener Rücken vom heimischen Reh mit Preiselbeerschaum

Von Ricardo Pickert, Hotel Reppert, Hinterzarten

700 g Rehrücken ohne Knochen	von den Sehnen befreien (parieren), in 4 gleich große Stücke portionieren und mit
Salz, Pfeffer aus der Mühle	würzen. In einer Pfanne mit etwas
Thymian	von beiden Seiten anbraten, aus der Pfanne nehmen und im Ofen bei 140 °C langsam garen, etwa 20 Minuten (Kerntemperatur 50 °C).
3 Zweige Thymian	mit
1 Zwiebel (gehackt)	in
20 g Butter	andünsten. Mit
200 ml Rotwein	ablöschen und einreduzieren. Dann
400 ml Wildfond (Rezept S. 145)	auffüllen und auf ein Drittel einreduzieren. Mit
Stärkemehl	abbinden und durch ein feines Sieb passieren.
50 g Crème fraîche	beigeben, mit
Salz, Pfeffer aus der Mühle	abschmecken und mit
1 – 2 cl Cognac	aromatisieren. Zum Schluss
40 g Preiselbeeren	beigeben und
30 g Butterwürfel (kalt)	unterziehen. Die Sauce auf einen warmen Teller geben, den Rehrücken aufschneiden und anrichten.

Zu dem Rehrücken empfiehlt Ricardo Pickert Kartoffel-Steinpilzpüree (Rezept S. 57) und Honig-Pastinaken mit glaciertem Rosenkohl (Rezept S. 64).

Die Ebereschen hängen im Herbst voller roter Früchte.

Wildhasenrücken im Pfannenküchle

1 großer Wildhasenrücken	Filets von den Karkassen lösen, Karkassen in einem Topf mit
1 EL Tomatenmark	und
100 g Wurzelgemüse (Sellerie, Zwiebeln, Karotten)	anrösten. Mit
250 ml Spätburgunder	und
250 ml Brühe	ablöschen. Nun
1 Lorbeerblatt	sowie
Pfefferkörner	
Majoran, Rosmarin	zugeben und etwa 1 Stunde köcheln lassen. Die Sauce absieben und abschmecken.
2 Pfannkuchen (Rezept Flädle S. 29)	herstellen. Bei den Filets die Spitzen etwa 5 cm abschneiden. Diese mit
2 cl Sahne	und
1 Eiweiß	im Mixer zu einer Farce (Füllung) verarbeiten und mit
Salz, Pfeffer	würzen. Unter die Farce
20 g Pökelzunge (gewürfelt)	
20 g Pistazien (halbiert)	
20 g Maronen (gewürfelt)	sowie
20 g Sellerie (gewürfelt)	heben. Die Rückenfilets würzen, in
Öl	kurz von allen Seiten anbraten und ruhen lassen. Die abgekühlten Rückenfilets mit der Farce im Pfannkuchen, auf eine gebutterte Alufolie geben, einrollen und im Ofen bei 160 °C etwa 15 bis 20 Minuten backen. Dann herausnehmen und 10 Minuten ruhen lassen. Anschließend die Alufolie lösen und das Rückenfilet einmal schräg durchschneiden, auf der Sauce anrichten und servieren.

Dazu passen sehr gut glacierte Maronen/Kastanien (Rezept S. 71) und Rosenkohl.

Das Schneeglöckchen ist ein Amaryllisgewächs. Die kleinen Blumen kommen sehr früh im Frühling heraus, auch wenn noch Schnee drumherum liegt.

Hirschkotelett mit Heidelbeeren

Von Helmut Zier, Mistelbrunn

4 Hirschkoteletts (à 170 g)	mit
Salz, Pfeffer	würzen. In einer Pfanne
30 ml Öl	erhitzen, die Koteletts auf jeder Seite etwa 3 Minuten anbraten, anschließend herausnehmen und warm stellen. Das restliche Fett abschütten.
20 g Butter	in die Pfanne geben und darin
80 g frische Heidelbeeren	andünsten. Mit
80 ml Rotwein	ablöschen und einreduzieren.
150 ml Bratensauce (Rezept S. 148)	beigeben und etwas einkochen lassen, anschließend abpassieren.
30 g kalte Butter	in die Sauce mixen und
100 g Crème fraîche	sowie
30 g Johannisbeergelee	unterziehen. Mit
Salz, Pfeffer	abschmecken. Die Koteletts anrichten und mit der Sauce nappieren.

Dazu passen Schupfnudeln (Rezept S. 42). Besonders appetitlich sieht es aus, wenn frische, in Butter geschwenkte Heidelbeeren über die Hirschkoteletts gegeben werden.

Hirschkühe im Revier am Schluchsee

Hof in der Schwende bei Schluchsee

Badischer Wildhasenrücken im Wirsing-Blätterteig-Mantel

2 Hasenrücken	auslösen und mit
Salz, Pfeffer	würzen. Kurz von allen Seiten anbraten, dann zur Seite stellen und 5 Minuten ruhen lassen.
4 Wirsingblätter	etwa 5 Minuten in kochendem Wasser blanchieren und auf Küchenpapier abtropfen lassen. Vier gleich große Stücke von
1 Pck. TK-Blätterteig	vorbereiten, mit je einem Wirsingblatt belegen und mit
Salz, Pfeffer	würzen. Die Hasenrückenfilets darauf legen, einrollen, mit
1 Eigelb (verquirlt)	bestreichen. Etwa 15 Minuten bei 220 °C backen. Die Hasenrückenknochen zerkleinern und in heißem Fett anbraten.
2 Karotten (gewürfelt)	und
1 Zwiebel (gewürfelt)	
1 Sellerieknolle (gewürfelt)	zufügen, schmoren lassen. Sobald das Gemüse Farbe angenommen hat,
2 TL Tomatenmark	dazugeben und alles unter ständigem Rühren erhitzen, bis dunkelbraune Farbe sichtbar wird. Mit
250 ml Rotwein	ablöschen.
500 ml Wildfond (Rezept S. 145)	auffüllen.
1 Lorbeerblatt	sowie
1 Zweig Thymian	
5 Wacholderbeeren	hinzugeben und 20 Minuten reduzieren. Nach Belieben mit
Mehlbutter (Rezept S. 136)	abbinden. Die Sauce durch ein Sieb passieren und mit
1 cl Madeira, Salz, Pfeffer	abschmecken.

Als Beilage Rosenkohl oder Broccoli servieren.

Trachtengruppe Breitnau mit ihrem Bänderbaum

Hühnerbrüstchen im Haselnussmantel auf Ringelblumensauce

4 Hühnerbrüstchen (à 150 g)	mit
Salz, Pfeffer	würzen, in
30 g Mehl	wenden, durch
2 Eier (verquirlt)	ziehen.
80 g gemahlene Haselnüsse	mit
50 g Paniermehl	mischen und die Hühnerbrüstchen damit panieren. In einer Pfanne
80 ml Öl	erhitzen und die Brüstchen langsam garen. Von Zeit zu Zeit wenden, herausnehmen und warm stellen.
200 ml Ringelblumensauce (Rezept S. 147)	aufkochen und auf einem Teller verteilen, die Hühnerbrüstchen dreimal schneiden und auf der Sauce anrichten.

Dazu passen Wirsinggemüse (Rezept S. 74) und Schupfnudeln (Rezept S. 42).

Blick im Frühling zum Feldberg. Während es in den Tälern schon kräftig blüht, hat der Feldberg noch große Schneereste vorzuweisen.

Bis zum nächsten Jahr an Eulogi – Eulogiusritt in Lenzkirch

Alljährlich wird es am Sonntag vor dem 25. Juni in den Bauernhöfen des Hochschwarzwaldes in aller Frühe recht lebendig. Die Pferde und Ponys werden gestriegelt und geschmückt, die Reiterinnen und Reiter ziehen ihre Festtagstracht oder ihr Reiterdress an. Es geht nämlich nach Lenzkirch zum Eulogi-Fest, dem Fest zu Ehren des Heiligen Eligius, dem Schutzpatron der Haustiere, besonders der Pferde und der Goldschmiede. Eligius – Eloi, Loy von Noyon – war Bischof von Noyon, geboren um 588 in Chaptelat bei Limoges in Frankreich. Er starb am 1. Dezember 660 in Noyon an der Oise in Frankreich.

Der gesamte Kurort prangt im Festschmuck, wenn sich unter dem Geläute der Glocken der katholischen Pfarrkirche der Reiterzug zur Wallfahrtskapelle am westlichen Ortsrand in Marsch setzt. Bis zu 300 Pferde und Ponys kommen mit ihren Reitern, dazu noch Trachtenträger aus der Region und der örtliche Musikverein. Am Feldaltar neben der barocken Eulogius-Kapelle – sie ist heute die Friedhofskapelle – gibt es

Die Ministranten mit dem Kreuz und den Eulogiusfahnen marschieren vor der Musik bei der Prozession zum Eulogiusfest in Lenzkirch.

Ein Reiter in Tracht mit dem Ehrenkreuz beim Eulogiusritt in Lenzkirch

einen festlichen Gottesdienst mit anschließender Brotweihe und Segnung aller Pferde. Dem folgt dann der große St. Eulogi-Ritt, angeführt vom Ortsgeistlichen hoch zu Ross – dem Ehrenschimmel. Traditionsgemäß wird das Tier von dessen Besitzer und einem Hufschmied begleitet, es folgen die Reiter mit den Ehrenfahnen und die Träger der St. Eulogius-Statue.

Ein selten schöner, unverfälschter Bauernfeiertag, wie ihn der südliche Schwarzwald sonst nirgends aufweist und der darum alljährlich Tausende von Pilgern und anderweitige Gäste anzieht. Die erste Reiterprozession fand 1934 statt, war aber von 1937 bis 1945 durch die Nationalsozialisten verboten.

Nach dem Umreiten der Pfarrkirche löst sich der Umzug auf. Für die Pferde gibt es im Riegelhof Heu zur Stärkung, die Reiterinnen und Reiter, wie auch die vielen Besucher, zieht es zum Eulogimarkt. Es ist einer der größten Jahrmärkte der Region mit einem breiten Angebot – nicht nur für die Pferdeliebhaber – der auch viele Gelegenheiten zum Gespräch bietet. Vielfach heißt es dann auch: »Bis zum nächsten Jahr an Eulogi!«

Reiter aus dem ganzen Hochschwarzwald kommen zum Eulogiusritt in Lenzkirch zusammen.

Der Pfarrer auf dem Ehrenschimmel beim Eulogiusritt in Lenzkirch wird von den örtlichen Hufschmieden und dem Pferdebesitzer als Pferdeführer begleitet.

Hühnerbrüstchen im Blätterteigmantel auf Kürbisgemüse

6 Hühnerbrüstchen ohne Knochen (à 150 g)	davon 4 Hühnerbrüstchen mit
Salz, Pfeffer	würzen und anbraten, dann kalt stellen. Die übrigen 2 rohen Hühnerbrüstchen klein schneiden und mit
100 g Toastbrot	sowie
2 Eiweiß	
100 ml Sahne	
30 g Petersilie	mischen, 1 Stunde kühlen. Anschließend mit einem Küchengerät fein mixen oder zweimal durch den Wolf geben. Mit
Salz, Pfeffer	abschmecken und die erkalteten Hühnerbrüstchen mit der Füllung in
500 – 600 g TK-Blätterteig	einschlagen. Mit
1 Ei (verquirlt)	bestreichen und im vorgeheizten Backofen bei 180 °C etwa 40 Minuten backen. Anschließend herausnehmen und auf
Kürbisgemüse (Rezept S. 75)	anrichten.

Blick auf den Feldsee mit Raimartihof am Feldberg

Viel Mühe mit dem Blumenschmuck ihres Kreuzhofes macht sich Andrea Spall. Jedes Jahr richtet sie einen Blumenwagen am Eingang zum Reiterhof her.

Putenroulade mit Schafskäse und Cremolata

Von Simon Bragg-Coulthard, Parkhotel Adler, Hinterzarten

4 Putenschnitzel (à 130 g)	dünn klopfen, leicht mit
Salz, Pfeffer	würzen.
80 g Schafskäse (gewürfelt)	mit
1 Tomate (gewürfelt)	sowie
Thymian, Rosmarin	vermischen und auf die Putenschnitzel streichen, einrollen. Mit einem Zahnstocher oder Küchengarn befestigen. In
30 g Mehl	wenden. In einer Pfanne
30 ml Olivenöl	erhitzen, die Rouladen hineingeben und von jeder Seite anbraten, dann herausnehmen.
1 Schalotte	fein hacken, beigeben, andünsten. Mit
100 ml Weißwein	und
100 ml Bratensauce (Rezept S. 148)	ablöschen. Die Rouladen beigeben und etwa 10 Minuten garen. Herausnehmen und warm stellen, die Sauce einreduzieren lassen.

Die Cremolata

1 Zitrone	Schale abreiben.
2 Knoblauchzehen	sowie
30 g Petersilie	fein hacken, mit
50 ml Olivenöl	und der Zitronenschale mischen. Mit
Salz, Pfeffer	abschmecken. Die Rouladen einmal schräg durchschneiden, mit der Sauce nappieren und die Cremolata über die Rouladen geben.

Zu Käseherstellung muss der Milch erst noch Lab zur Gerinnung beigefügt werden, wie hier in der Käserei von Burkhard Heer.

Schwarzwälder Forellenfilets in Rieslingsauce

Von Andreas Helmle, Gasthaus Löffelschmiede, Lenzkirch

4 frische Forellen	filetieren, von den Gräten lösen. Die Gräten in Wasser erhitzen.
1 Zwiebel	und
½ Stange Lauch	klein schneiden, dazugeben.
300 ml Riesling	zufügen, einen Fischfond herstellen, abpassieren und zur Hälfte einreduzieren.
2 Schalotten	fein hacken, in
50 g Butter	erhitzen, mit dem Fischfond ablöschen, die Filets beigeben und bei schwacher Hitze pochieren. Dann herausnehmen, warm stellen und den Fond einreduzieren. Mit
200 ml Sahne	auffüllen und abbinden. Die Sauce mit
100 g Butter	aufmixen und mit
Salz, Pfeffer	
Zitronensaft	abschmecken, über den Fisch geben.

Zu den Forellenfilets kann man Blattspinat, Butternudeln (Rezept S. 46) oder Salzkartoffeln servieren.

Falkauer Wasserfälle der Haslach

Geschnetzelte Schwarzwälder Bachsaiblinge auf Gemüsenudeln mit frischen Pfifferlingen

Von Robert Kessler, Gasthof Hirschen, Fischbach

4 Bachsaiblinge	filetieren, enthäuten und in 1½ cm breite Streifen schneiden. In einer Pfanne
40 g Butter	erhitzen und darin
2 Schalotten (fein gehackt)	andünsten. Den Fisch dazugeben und mit
Salz, Pfeffer	
Zitronensaft	würzen, weiterdünsten. Mit
50 ml Gutedel	ablöschen und
100 ml Fischfond (Rezept S. 141)	sowie
200 ml Sahne	auffüllen, aufkochen.
Jeweils 1 kleiner Bund Dill, Kerbel, Estragon	fein hacken, zum Schluss beigeben und auf
Gemüsenudeln (Rezept S. 46)	anrichten.
30 g Butter	in der Pfanne erhitzen.
200 g Pfifferlinge (geputzt)	beigeben, mitdünsten und über den Fisch geben.

Segeln auf dem Schluchsee. Der See ist mit seinem Stauziel von 930 Metern die höchstgelegene Talsperre Deutschlands. Er ist 7,3 mal 1,4 Kilometer groß und hat eine maximale Tiefe von 61 Metern.

Filet vom Lauchringer Saibling mit Meerrettichschaum

Von Thomas Drubba, Hotel Hofgut Sternen, Breitnau

8 Filets vom Saibling (à 80 g, ohne Haut und Gräten)	auf ein gebuttertes Backblech portionieren und mit
60 ml Olivenöl	beträufeln.
¼ Bund Thymian	zupfen, überstreuen.
2 Knoblauchzehen	hacken, darauf legen. Mit
Salz, Pfeffer aus der Mühle	würzen, im Ofen bei 60 °C garen, bis sie glasig werden.
200 ml Fischfond (Rezept S. 141)	und
150 ml Sahne	im Topf etwa 10 Minuten einkochen lassen.
50 g Butter	und
60 g Mehl	mischen, die Sauce abbinden, nochmals 10 Minuten kochen lassen. Zum Schluss
4 – 5 g Meerrettich (frisch, gerieben)	unterziehen und mit
Salz, Pfeffer, Zucker	abschmecken.

Die Saiblingfilets am besten auf Schmorgurken (Rezept S. 65) anrichten. Dazu serviert man Salzkartoffeln.

Fischreiher am Urseebach

Erste Frühlingsboten nach einem langen Hochschwarzwaldwinter sind die Krokusse.

Schwarzwälder Forelle Müllerin Art

Von meinem Freund Marcel Ripoll, leidenschaftlicher Angler und Hobbykoch aus Lenzkirch

4 Forellen (à 300 g, küchenfertig)	mit
Salz, Pfeffer aus der Mühle	würzen und 10 Minuten marinieren. Anschließend in
Zitronensaft	
Worcestersauce	und
100 g Mehl	wenden.
100 ml Öl	in einer Bratpfanne erhitzen, die Forellen hineingeben und auf beiden Seiten anbraten (etwa 10 bis 15 Minuten). Kurz vor Schluss
60 g Butter	beigeben.
Petersilie, Schnittlauch, Kerbel	hacken, zufügen, die Forellen aus der Pfanne nehmen und mit der Kräuterbutter überziehen, mit
Zitronenscheiben	garnieren.

Der Schwarzwald ist bekannt für seine Bachforellen.

Das »Hofgut Sternen«, früher als »Wirtshaus unter der Steig« bezeichnet, ist eng mit der Erschließung des Höllentales als Weg zum Schwarzwald verbunden. Im Mai 1770 schlug die erste große Stunde, als der Brautzug von Marie-Antoinette auf dem Weg nach Paris zur Hochzeit mit den französischen König Ludwig XVI. am alten Gasthaus Halt machte.

Stadtwappen von St. Blasien

Entdeckungstour auf zwei Rädern

Die Schönheiten des Hochschwarzwaldes erschließen sich besonders bei einer Tour auf dem 264 Kilometer langen Südschwarzwald-Radweg. Als Startort bietet sich das in 885 Metern über dem Meer, verkehrsgünstig an der B31 sowie an der Höllentalbahn gelegene Hinterzarten an. Die Strecke verläuft, abgesehen von wenigen sehr leichten Steigungen, eben bis leicht abfallend und ist durchgängig beschildert. Die ideale Reisezeit ist zwischen Mai und Oktober, in den anderen Monaten ist mit Schneefall in den Hochlagen zu rechnen. Gefahren wird überwiegend auf asphaltierten oder gut ausgebauten land- und forstwirtschaftlichen Wegen. Diese Radtour kann in drei oder vier Tagen gefahren werden.

Von Hinterzarten aus radelt man zunächst an urigen Schwarzwaldhöfen und dem weltberühmten Titisee – einem Relikt der Eiszeit – vorbei ins rund zehn Kilometer entfernte Neustadt und weiter zur einstigen Bahnstation Kappel-Gutachbrücke. Hier beginnt der im Südschwarzwald-Radweg integrierte, nahezu topfebene Bähnle-Radweg. Er wurde auf der 27 Kilometer langen, stillgelegten Trasse der Nebenbahn der Höllentalstrecke über Lenzkirch nach Bonndorf angelegt. Auf diesem Stück gibt es nur einen Höhenunterschied von 70 Metern. Attraktion ist der Klausenbach-Viadukt, eine eiserne Untergurtbrücke mit einer Spannweite von 46 Metern bei Lenzkirch. Von Bonndorf aus geht es über die schon zur Baar gehörende Hochfläche über die Gemarkung Wutach, bevor der Weg bis nach Stühlingen, an der Wutach gelegen, abfällt. Wenn man Glück hat, sieht man noch den Dampfzug der Museumsbahn Wutachtal, auch »Sauschwänzlebahn« genannt. Durch das Tal führt die Route über Lauchringen nach Tiengen, wo man schon auf den Rhein trifft. Auf dem Rheinuferweg geht es dann über Waldshut und Albbruck in Richtung Laufenburg. Die Stadt, die sowohl auf Schweizer als auch auf deutscher Seite besteht, beeindruckt durch ihr Stadtbild, das von reizvollen Bauten geprägt ist. Weiter auf dem Rheinweg erreicht man über Murg schließlich Bad-Säckingen mit der längsten überdachten Holzbrücke Europas.

Von Bad Säckingen aus radelt man auf dem Rheinuferweg weiter entlang der Städte Wallbach, Schwörstadt und Beuggen – hier ist das 1246 gegründete ehemalige

Skater auf dem Bähnleradweg bei Lenzkirch

Wasserschloss, das heute Tagungs- und Begegnungsstätte der evangelischen Landeskirche ist, von besonderem Interesse. In Rheinfelden führt der Weg über die Rheinbrücke in die Schweiz, wo es die nächsten rund 25 Kilometer bis nach Basel geht. In Basel werden die Radfahrer bis zum historischen Münster im Stadtkern vom Rhein begleitet. Sie erhalten einen kleinen Einblick in die beeindruckende Baucharakteristik der Stadt am Rheinknie, bevor über die Dreiländerbrücke, die als die längste Rad- und Fußgängerbrücke der Welt gilt, Huningue, Frankreich angefahren wird.

Über Weil am Rhein geht es weiter am Rheinufer entlang. Unterwegs erblickt man den Isteiner Klotz, ein markanter Bergrücken am Rhein. Der Südschwarzwald-Radweg durchquert das Markgräflerland mit seinen Weinbergen, bis schließlich durch das etwas hügelige Schneckental Freiburg im Breisgau mit seinem berühmten Münster erreicht wird. Dem Fluss Dreisam folgend führt der Radweg zum Bahnhof Kirchzarten, von wo aus es auch mit dem Zug durch das wildromantische Höllental hinauf zum Ausgangspunkt Hinterzarten geht. Von Kirchzarten führt die Radroute durch das Zastlertal hinauf auf den 800 Meter höher gelegenen Rinken-Pass und von dort nach Hinterzarten.

Auf dem Bähnleradweg bei Kappe

Rastplatz am Bähnleradweg

Felchenfilet mit Brennnesselsauce

8 Felchenfilets ohne Haut (à 80 g)	mit
Salz, Pfeffer aus der Mühle	würzen.
2 Schalotten	fein hacken, in einem flachen Topf mit
30 g Butter	andünsten. Die Filets in den Topf legen, mit
50 ml Weißwein	ablöschen und mit
200 ml Fischfond (Rezept S. 141)	auffüllen. Etwa 10 Minuten bei 80 °C zugedeckt pochieren. Die Filets dann herausnehmen und warm stellen. Die Sauce mit
150 g Crème fraîche	verrühren.
30 g frische, junge Brennnesseln	fein hacken, mit
30 g weiche Butter	mischen und unter die Sauce ziehen. Mit
Salz, Pfeffer aus der Mühle	
Zitronensaft	abschmecken, kurz mixen und über den Fisch geben. Zum Schluss
2 Tomaten (geschält, entkernt)	in kleine Würfel schneiden und in
20 g Butter	andünsten, über die Filets geben.

Von den Brennnesseln nur die oberen, jungen Blätter verwenden.

Segelrevier Schluchsee bei Aha

Auch Longhorns findet man auf den Hochschwarzwälder Weiden.

Zanderfilet »provencale«

4 Zanderfilets (à 150 g)	mit
Salz, Pfeffer aus der Mühle	
Zitronenzeste (Schale)	würzen und marinieren. Anschließend in
100 g Mehl	wenden.
50 ml Olivenöl	und
50 ml Öl	in der Bratpfanne erhitzen, die Filets kross braten, herausnehmen und warm stellen.
2 Knoblauchzehen	hacken.
2 Tomaten	schälen, entkernen, würfeln. Beides mit
50 g Butter	andünsten
4 – 6 Oliven	dazugeben, mitdünsten.
Petersilie, Basilikum	hacken, beigeben. Mit
Salz, Pfeffer aus der Mühle	abschmecken und über den Zander geben.

Zum Zander serviert man am besten Blattspinat und Kräutersalzkartoffeln.

Der Windgfällweiher (vorn) ist über einen hölzernen Kanal mit dem Schluchsee (oben) verbunden. Das Wasser wird von den Schluchseewerken zur Stromgewinnung genutzt.

Wetterhaus aus Stroh

Barsch und Forellenfilet auf Wirsing mit Steinpilzragout

4 Barschfilets mit Haut	sowie
4 Forellenfilets mit Haut	entschuppen, abwaschen. Mit
Salz, Pfeffer aus der Mühle	würzen und mit
Zitronensaft	beträufeln. In
100 g Mehl	wenden, in einer Bratpfanne mit
50 ml Öl	und
50 g Butter	kross anbraten, dann herausnehmen und warm stellen.
400 g Wirsing	schneiden, in einem Topf mit kochendem Wasser etwa 5 Minuten blanchieren, abschütten und in
150 ml Sahne	weiter garen. Mit
Salz, Pfeffer, Muskat	würzen.
2 Schalotten	fein hacken, in
20 g Butter	andünsten.
200 g Steinpilze	in kleine Würfel schneiden, beigeben, mitdünsten, mit
Salz, Pfeffer aus der Mühle	würzen. Zum Schluss
1 Bund Schnittlauch	fein schneiden, zugeben. Die Fischfilets auf dem Wirsing anrichten und die gebratenen Steinpilze darüber geben.

Blick von Norden auf Hinterzarten mit seinen Sprungschanzen

Gebratenes Zanderfilet mit Meerrettichschaum

Von Markus Ketterer, Seebachstüble, Titisee

40 ml Olivenöl	in einer Pfanne erhitzen. Darin
4 Zanderfilets (à 200 g)	mit der Hautseite nach unten anbraten.
3 Thymianzweige	sowie
3 Rosmarinzweige	
2 Knoblauchzehen (gehackt)	beigeben. Mit
Salz, Pfeffer	würzen, wenden und fertig braten.

Der Meerrettichschaum

20 g Schalotten	fein hacken, in
30 g Butter	anschwitzen, mit
50 ml Weißwein	ablöschen.
250 ml Fischfond (Rezept S. 141)	sowie
150 g Crème fraîche	beifügen.
40 g Meerrettich	in die Sauce geben, einkochen und die Sauce abpassieren. Mit
Salz, Pfeffer aus der Mühle	abschmecken.
60 g Butter	und
40 ml Sahne (geschlagen)	zugeben, schaumig aufmixen.

Als Beilage eignen sich sehr gut Rote Bete-Knöpfle (Rezept S. 47).

Grenzstein auf dem Gipfel des Belchens

Perle des Hochschwarzwaldes

Mit 1493 Metern ist der im Südschwarzwald liegende Feldberg der höchste Berg im Schwarzwald und damit auch in Baden-Württemberg. Der Feldberg – die Perle im Hochschwarzwald – ist ebenso die höchste Erhebung aller deutschen Mittelgebirge. Vom Hauptgipfel erstreckt sich nach Süden eine zunächst sanft abfallende und dann wieder ansteigende Berglehne (Seebuck), von der im Westen der Baldenweger Buck abzweigt. Vom Seebuck aus fällt der Feldberg nach Osten steil zum Feldsee ab. Tief eingeschnittene Täler erstrecken sich auch nach Nordwesten Richtung Freiburg (Zastlertal, St. Wilhelmer Tal) und nach Südwesten in Richtung Basel (Wiesental).

Erreichbar ist der Feldberg per Auto über die von Titisee nach Lörrach (Basel) über den Feldbergpass führende B317. Mit der Bahn erreicht man den höchstgelegenen Bahnhof der deutschen Bahn: die Station Bärental am Feldberg. Von dort existiert

Bergstation der Feldbergbahn mit Bismarckdenkmal

Die Baldenweger Hütte am Feldberg ist ein Ziel am Laurentius-Tag.

eine Busverbindung. Den Vorberg Seebuck erreicht man vom Dorf Feldberg aus mit einem kurzen Sessellift. Von dort geht es ungefähr zwei Kilometer ziemlich eben zum Feldberg. Der Feldberg ist für Privatleute nur zu Fuß erreichbar. Die zahlreichen Funkanlagen aus den Zeiten des Kalten Krieges von Bundeswehr, französischer und US-Armee sind mittlerweile abgebaut. Erkennbar ist der Feldberg heute mit dem alten und neuen Fernsehturm und dem Bismarckdenkmal auf dem Seebuck. Insgesamt gibt es auf und um den Feldberg herum ein knappes Dutzend Skilifte und Abfahrten mit alpinen Schwierigkeitsgraden (FIS-Strecke bei Fahl). Der eigentliche Feldberggipfel liegt außerhalb der Skigebiete und bietet sich für Langlauf an – ebenso wie mehrere Loipen um das dem Feldberg gegenüber liegende Herzogenhorn.

Der größte Teil des Feldberggebietes hat auf Grund seiner subalpinen Vegetation den Status eines Naturschutzgebietes. Dieses Schutzgebiet ist das älteste und größte des Landes Baden-Württemberg und wird seit 2001 vom Naturschutzzentrum Südschwarzwald im »Haus der Natur« betreut.

Feldberg Zellerhang

Ehemaliges Kloster Grünwald im Frühling

Gegrillte Mango mit Curry-Garnelen

Von Markus Ketterer, Seebachstüble, Titisee

2 rote Chilischoten	der Länge nach halbieren, entkernen und in Streifen schneiden.
12 Riesengarnelen	in
30 ml Erdnussöl	anbraten, die Chilistreifen und
50 g Erdnüsse (geröstet, gehackt)	beigeben, mit
10 g Rosencurry	bestäuben.
100 g Butter	sowie
15 g Ingwer	
30 g Blütenhonig	unterheben, die Pfanne vom Herd nehmen, die Garnelen warm halten.
2 Mango	schälen, das Fruchtfleisch vom Stein schneiden, mit
30 g Erdnussöl	bestreichen. Mit der Schnittfläche in die Grillpfanne legen und 3 bis 4 Minuten grillen, anschließend wenden und auf der anderen Seite weitere 2 bis 3 Minuten grillen. Die Mangos auf Teller verteilen und die Curry-Garnelen darauf anrichten.

Wanderer überqueren die Wutach bei der Haslachmündung auf einem eisernen Steg. Die hölzernen Brücken wurden immer wieder vom Hochwasser fort gerissen.

Knusprige Forellenfilets im Bierteig

Von Marcel Ripoll, leidenschaftlicher Angler und Hobbykoch aus Lenzkirch

8 frische Forellenfilets	in gleich große Streifen schneiden (etwa 3 cm). Mit
Salz, Pfeffer	
Zitronensaft	und
Worcestersauce	etwa 20 Minuten marinieren und anschließend in
100 g Mehl	wenden.

Der Bierteig

300 g Mehl	mit
200 ml Bier	verrühren.
30 ml Öl	und
3 Eigelb	beigeben.
3 Eiweiß	schaumig schlagen und unter die Biermasse heben. Mit
Salz, Pfeffer	sowie
Zitronenschale	würzen. Die Fischfilets im Teig wenden und in der heißen Friteuse (bei 170 °C) ausbacken, dann herausnehmen und auf Papier abtropfen lassen.
1 Bund Petersilie	in Mehl wenden, ganz kurz in die Friteuse geben, ausbacken und über den Fisch geben.

Dazu passt die Sauce Tartar (Rezept S. 147) und Salzkartoffeln. Die Petersilie muss vor dem Fritieren sauber und trocken sein.

Die kleine aber feine handwerklich geführte Privatbrauerei Rogg in Lenzkirch hat ein kleines Brauereimuseum. Hier finden sich die verschiedenen Formen von Bierflaschen.

Forellenfilet mit Haselnusspanade auf Apfel-Lauch-Gemüse

Von Dieter Schulz, Gasthaus Krone, St. Blasien

8 Forellenfilets (ohne Haut)	mit
Salz, Pfeffer, Zitronensaft	würzen. Danach mit
20 g Mehl	mehlieren und in
1 Ei (verquirlt)	wenden, mit
100 g gehobelte Haselnüsse	panieren. In
50 g Butter und 100 ml Öl	auf jeder Seite goldgelb braten und anschließend warm stellen.
2 Äpfel	waschen, vierteln und das Kerngehäuse entfernen, in Scheiben schneiden.
250 ml Badischer Weißwein	erhitzen, mit
1 EL Zucker	und
2 EL Waldhonig	abschmecken. Die Apfelscheiben pochieren. Mit
2 cl Waldhonig-Schnaps	verfeinern.
3 Stangen Lauch	waschen und in feine Streifen schneiden.
3 Karotten	schälen und ebenfalls in Streifen schneiden. Beides in
40 g Butter	dünsten und mit
80 ml saure Sahne	ablöschen. Die warmen Forellenfilets auf dem Lauchgemüse und den Apfelscheiben anrichten. Mit
Zitronenmelisse	garnieren.

Zu diesem Gericht passt Reis sehr gut.

Oldtimer Motorradtreffen im Hochschwarzwald finden regelmäßig statt. Ein Höhepunkt war 2010 ein D-Rad-Treffen. Das D-Rad ist eine Motorradmarke, im Volksmund wegen der blattgefederten Vorderradgabel auch »Spandauer Springbock« genannt, der Deutschen Industrie-Werke in Berlin Spandau.

Lachsforelle auf Körnersenfsauce und Champagnerkraut

Von Marcel Ripoll, leidenschaftlicher Angler und Hobbykoch aus Lenzkirch

1 Lachsforelle (1 ½ kg)	vom Händler filetieren, entgräten und in gleich große Stücke (Schnitzel) schneiden lassen. Mit
Salz, Zitronenpfeffer	
Zitronensaft	marinieren und in
100 g Mehl	wenden.
50 ml Olivenöl	und
50 ml Öl	erhitzen, die Filets goldgelb ausbacken und warm stellen.

Die Körnersenfsauce

30 g Schalotten oder Zwiebeln	fein hacken und in
20 g Butter	anschwitzen. Mit
20 g Mehl	stäuben und mit
100 ml Weißwein	ablöschen.
20 ml Essig	und
200 ml Fischfond (Rezept S. 141)	dazugeben und einreduzieren lassen.
200 g kalte Butter	in Würfel schneiden, beigeben und mit dem Mixer aufmixen. Mit
Salz, Pfeffer	würzen und abschmecken. Zum Schluss
40 g Körnersenf	zufügen und nicht mehr kochen lassen.

Die Zusammenstellung

	Die Lachsschnitzel auf
Champagnerkraut (Rezept S. 65)	anrichten und mit der Sauce nappieren.

Hobbyfischer Marcel Ripoll

Apfelcrêpes

4 Äpfel	schälen und reiben.
300 g Mehl	mit
300 ml Milch	
4 Eier	
Salz, Pfeffer aus der Mühle	sowie
20 ml Calvados	gut vermischen, zu den geriebenen Äpfeln geben, verrühren. In
50 –100 g Butter	kleine Häufchen ausbacken, drehen und servieren.

Ringelblumenpaste

100 g frische Ringelblumenblüten	zupfen und fein hacken, aber nicht mixen. Mit
10 g Salz	und
100 ml Sonnenblumenöl	vermischen und in ein sauber ausgespültes Glas einfüllen.

Hauptsächlich geeignet für Suppen, Saucen und Fischgerichte.

Feldbergmassiv

Der Rote Fingerhut ist die in Mitteleuropa am meisten verbreitete Fingerhut-Art. Sie enthält vorwiegend in ihren Blättern die hochgiftigen Digitalisglycoside.

Semmelknödel

6 Weißbrötchen (vom Vortag)	klein schneiden und in eine Schüssel geben, mit
180 ml Milch (heiß)	übergießen und 30 Minuten stehen lassen. Mit
Salz, Pfeffer, Muskat	würzen.
20 g Butter	in einer Pfanne erhitzen und darin
60 g Zwiebeln (gehackt)	andünsten.
20 g Petersilie (gehackt)	untermischen, zu den Brötchen geben und durchkneten. Anschließend
3 Eier	beigeben, durchkneten und dann mit nassen Händen zu gleichmäßig großen Knödeln formen. Leicht gesalzenes Wasser aufkochen und die Knödel hineingeben, aufkochen lassen und anschließend bei schwacher Hitze zugedeckt ziehen lassen.

Sollte die Knödelmasse zu weich (feucht) sein, kann man mit Mehl oder Brösel nachbinden.

Bäcker mit seinem Holzofen auf dem Wochenmarkt in St. Blasien

Die Kreuzspinne (Araneus diadematus) ist auch als Gartenkreuzspinne bekannt. Sie baut ihr recht großes kreisförmiges Radnetz meist in Bodennähe.

O Schwarzwald

O Schwarzwald, o Heimat, wie bist du so schön!
Wie locken das Herz deine schwarzdunkeln Höhn
Zum fröhlichen Wandern in Hochsommerzeit,
Zum Rasten in heimlicher Einsamkeit,
Im traulichen Mühlgrund, bei Quellengetön:
O Schwarzwald, o Heimat, wie bist du so schön!

O Schwarzwald, o Heimat, wohl hat mir die Welt
Mit köstlichen Wundern die Seele geschwellt:
Die lachende Ferne erschloss ihre Pracht,
Doch hab' ich in Liebe stets deiner gedacht,
Im Traum sah ich winken die schwarzdunkeln Höhn:
O Schwarzwald, o Heimat, wie bist du so schön!

O Schwarzwald, o Heimat, dein Rauschen erklang
Ins Träumen des Kindes, wie Wiegengesang,
Und später, da gabst du dein weites Revier
Zum Tummelplatz fröhlicher Spiele mir;
Die lauschigen Täler, die schauenden Höhn:
O Schwarzwald, o Heimat, wie bist du so schön!

O Schwarzwald, dein Zauber bleibt ewig uns neu,
Drum lieb' ich dich innig, dich lieb' ich getreu,
Und kommt einst mein Stündlein, bei dir nur allein,
Von dir überwölbt, will begraben ich sein,
Wo Waldvögel jubeln von frühroten Höhn:
O Schwarzwald, o Heimat, wie bist du so schön!

Ludwig Auerbach

Die Tracht war früher das bäuerliche Standeskleid. Heute trifft man Trachtenträgerinnen und Trachtenträger nur noch vereinzelt beim Kirchgang oder bei kirchlichen und weltlichen Festen.

Speckknödel

8 Brötchen (vom Vortag)	in kleine Scheiben schneiden und in eine tiefe Schüssel geben.
500 ml Milch	aufkochen, übergießen und 30 Minuten einweichen.
1 Zwiebel	fein hacken.
100 g Schwarzwälder Speck	fein würfeln und beides in
30 g Butter	andünsten, mit
20 g Petersilie	zu den Brötchen geben, abkühlen lassen.
6 Eier	dazugeben, mit
Salz, Pfeffer, Muskat	würzen, gut durchmengen und zu Knödeln formen. In kochendes und leicht gesalzenes Wasser geben, kurz aufkochen und 15 Minuten zugedeckt ziehen lassen, servieren.

Heimatmuseum Hüsli bei Grafenhausen-Rothaus

Diese Kandelaberfichte steht im Menzenschwander Tal. Sie bekam ihren Namen weil sich der Stamm rund zwei Meter über dem Boden in mehrere Arme verzweigt.

Bärlauchpaste

100 g frischer Bärlauch	waschen und fein hacken, aber nicht mixen. Mit
10 g Salz	und
100 ml Sonnenblumenöl	vermischen und in ein sauber ausgespültes Glas einfüllen.

Beim Sammeln ist darauf zu achten, dass man den Bärlauch nicht mit Maiglöckchen verwechselt, denn diese sind giftig.

Mehlbutter

50 g weiche Butter	mit
70 g Mehl (gesiebt)	vermischen und kalt stellen.

Ein gängiges Bindemittel für Suppen und Saucen.

Ein kleines Schwarzwalddorf, das trotz Neubauten seinen bäuerlichen Charakter erhalten hat, ist der heutige Lenzkicher Ortsteil Unterlenzkirch. Einst war er eine kulturell und politisch selbstständige Gemeinde.

Die Fahrt mit einem Oldtimertraktor bei schönem Sommerwetter ist immer ein Erlebnis.

Kräuterbutter

Von Simon Bragg-Coulthard, Parkhotel Adler, Hinterzarten

50 g Butter	schaumig schlagen.
Je 1 TL Rosmarin, Thymian, Petersilie, Kerbel	sowie
2 Knoblauchzehen (fein gehackt)	
1 Schalotte (fein gehackt)	dazugeben. Mit
1 TL Worcestersauce	
1 TL Paprikapulver	und
Salz, Pfeffer	abschmecken. In Frischhaltefolie einrollen und 2 bis 3 Stunden im Kühlschrank fest werden lassen.

Das Hotel Feldberger Hof war die Wiege des Skisports in Süddeutschland.

Die Badischen Staatsbahnen waren früher sehr auf die Sicherheit ihrer Strecken bedacht. Bahnwärter, sie bekamen ein eigenes Haus, mussten täglich die Strecken kontrollieren. So ein altes Bahnwärterhaus steht heute noch bei Kappel an der ehemaligen Bahnstrecke nach Bonndorf.

Preiselbeerchutney

500 g Preiselbeeren	mit
10 g Salz	
5 g Chilipulver	
10 g Currypulver	
3 g Kümmelkörner	
150 ml Himbeeressig	sowie
100 ml Rotwein	vermischen.
300 g brauner Rohzucker	mit
10 g Pektin	und
5 g Zitronensäure	vermischen und unter die Preiselbeeren geben. Alles miteinander aufkochen und 10 Minuten leicht köcheln lassen. Zum Schluss
10 g Petersilie (gehackt)	dazugeben, kurz aufkochen und in vorgereinigte, heiße Gläser abfüllen.

Hauptsächlich für Wild- und Geflügelgerichte geeignet.

Drehorgelspieler, auch Leierkastenmann genannt, mit Begleiterin auf der St. Blasier Hauptstraße

Preiselbeerkompott

100 g Zucker	und
10 g Pektin	trocken mischen und anschließend
150 ml Rotwein	
50 g Honig	
5 g Zitronensäure	sowie
400 g Preiselbeeren	beigeben. Alles miteinander aufkochen und etwa 5 Minuten überwallen lassen, anschließend in vorgereinigte, heiße Gläser abfüllen.

Quarkdip

1 Tomate	kreuzweise einschneiden, 30 Sekunden in kochendes Wasser geben, herausnehmen und kalt abschrecken. Dann schälen, vierteln, entkernen und in kleine Würfel schneiden.
100 g Magerquark	mit
50 g Joghurt	vermischen.
10 g Schnittlauch	fein schneiden.
Je 10 g Petersilie, Basilikum	fein hacken. Die Kräuter unter die Quarkmasse heben, mit
Salz, Pfeffer	
Zitronensaft	abschmecken. Zum Schluss die Tomatenwürfel unterheben.

Waffeln, frisch gebacken, gibt es bei den Festen im Hochschwarzwald. Diese Waffelbäckerin lud die Gäste des Lenzkircher Campingplatzes ein.

Kalbsfond

600 g Kalbsknochen	und
1 Kalbsfuß	in
1 ½ l Wasser (kalt)	langsam aufkochen.
¼ Sellerieknolle	sowie
¼ Stange Lauch	
1 Zwiebel	putzen, schneiden, beigeben, von Zeit zu Zeit abschäumen.
1 Lorbeerblatt	sowie
Pfefferkörner	
Thymian, Rosmarin	und
1 TL Salz	beigeben, etwa 1 Stunde leicht kochen lassen. Anschließend durch ein feines Tuch passieren.

Der einstige Eisweiher der Brauerei Rogg in Lenzkirch wurde zu einem Badeweiher umgestaltet. Das saubere Wasser erwärmt sich mit den ersten Sonnenstrahlen sehr schnell.

Wandertreffs werden im Hochschwarzwald von den regionalen Radiosendern veranstaltet und erfahren immer großen Zuspruch.

Fischfond

500 g Fischgräten	in
1,2 l Wasser (kalt)	aufkochen und abschäumen.
200 ml Weißwein	dazugeben.
Je 100 g Sellerie, Lauch, Zwiebeln	putzen, schneiden, zufügen.
1 TL Salz	und
1 Lorbeerblatt	
Dill, Pfefferkörner	beigeben und 1 Stunde leicht kochen lassen. Anschließend durch ein feines Tuch passieren.

Sahnesauce

20 g Butter	erhitzen.
1 Schalotte	fein hacken, beigeben und andämpfen. Mit
30 g Mehl	stäuben und mit
50 ml Weißwein	ablöschen.
50 ml Bratensauce (Rezept S. 148)	sowie
100 ml Milch	
150 ml Sahne	dazugeben und kochen lassen. Mit
Salz, Pfeffer	
Zitronensaft	und
Worcestersauce	abschmecken, mixen und abpassieren.

Entenjagen am Schluchsee macht den Kleinen Spaß. Bislang hatte noch keines Erfolg dabei.

Ein Geologischer Überblick des Hochschwarzwaldes

Von Dipl.-Geologin Dr. Gundula Herrgesell, Dipl.-Geologe Dr. Jürgen Boess

Der Bereich des Hochschwarzwaldes ist geologisch recht einheitlich aufgebaut. Er besteht vorwiegend aus Gneisen und Graniten, dem so genannten Grundgebirge, das aus dem Erdaltertum stammt. In der Jurazeit des Erdmittelalters (vor rund 160 Millionen Jahren) begann eine allmähliche Aufwölbung im Bereich des heutigen Elsass und Baden. Durch die Dehnung der Erdkruste bildeten sich in der Aufwölbung Risse und vor etwa 50 Millionen Jahren (Eozän) sank im Scheitelbereich ein etwa Nord-Süd-verlaufender Graben ein, der heutige Oberrheingraben. Der Grabenbereich ist in zahlreiche Schollen zerbrochen, die unterschiedlich tief abgesunken sind.

Gleichzeitig mit der Aufwölbung begann die Abtragung dieses Bereiches und immer ältere Gesteine kamen dadurch an die Oberfläche. Mit am stärksten wurde der Bereich des Südschwarzwaldes herausgehoben. Daher sind hier überwiegend sehr alte Formationen aufgeschlossen. Es handelt sich um Gneise und Granite. Gneise sind aus Gesteinen entstanden, die im Laufe der Erdgeschichte in sehr große Tiefe abgesenkt und dabei durch Druck und erhöhte Temperaturen umgewandelt wurden. Diesen Vorgang nennt man Metamorphose. Die Gneise wurden im frühen Erdaltertum gebildet. Im jüngeren Erdaltertum sind in die Gneise Gesteinsschmelzen aus der tieferen Erdkruste eingedrungen und als Granite erstarrt. Feldspat, Quarz und Glimmer sind die mineralischen Hauptkomponenten dieser Gesteine. Je nach Geschwindigkeit der Abkühlung sind die Mineralien unterschiedlich groß ausgebildet. Je größer die Kristalle sind, desto langsamer erfolgte die Abkühlung. Als Beispiel für eine langsame Abkühlung mit großen Kristallen sind der Albtalgranit und der Lenzkircher Granit zu nennen, ein Beispiel für eine schnelle Abkühlung ist der Urseegranit.

Innerhalb der Schwarzwälder Granite und Gneise sind in einem schmalen Streifen zwischen Badenweiler und Lenzkirch, der sogenannten Badenweiler-Lenzkirch-Zone, noch Reste von Sedimentgesteinen aus dem jüngeren Erdaltertum erhal-

Beeindruckende Felswände aus Muschelkalk finden sich in der Wutachschlucht.

ten. Es handelt sich dabei um tonige Ablagerungen, in denen zum Teil noch Blattabdrücke zu finden sind, und um verfestigte Sande und Kiese (Grauwacken und Konglomerate). Bei Lenzkirch sind ferner vulkanische Ablagerungen anzutreffen. In diesen wurden baumgroße Schachtelhalme gefunden.

Die ehemals auf dem Grundgebirge vorhandenen Gesteine des Buntsandsteins, Muschelkalks und jüngeren Gesteine bis zum Jura, die im Bereich der Aufwölbung wieder abgetragen sind, trifft man weiter östlich noch an. Bei einer Wanderung durch die Wutachschlucht sieht man zunächst die Auflagerung des Buntsandsteins auf das Grundgebirge, weiter flussabwärts folgt der Muschelkalk (Wutachversickerung), dann der Keuper, bei Achdorf der Jura. Im Oberrheingraben am Westrand des Schwarzwaldes sind diese jüngeren Gesteine in Randschollen anzutreffen.

Anfang des Quartärs, vor 2,6 Millionen Jahren, kühlte sich weltweit das Klima stark ab. Es folgten mehrere durch Wärmephasen unterbrochene Kaltzeiten. Während dieser Kaltzeiten waren die Schneemengen im Schwarzwald so hoch, dass sie in den Sommermonaten nicht vollständig abtauen konnten. Im Schwarzwald sind nur die beiden letzten Vereisungen, die Riss- und Würmeiszeit, nachzuweisen. Die ältere Rissvereisung war weitaus ausgedehnter als die der Würmeiszeit. Man nimmt

Aus Richtung des Feldbergs bis zur Blumberger Pforte quert die Wutach in langer Waldschlucht die Südbaar.

Der Dachs (Meles meles), ein Raubtier aus der Familie der Marder, war im Hochschwarzwald wegen der Begasung der Fuchsbauten schon fast ausgerottet. Jetzt trifft man wieder vereinzelte Exemplare.

an, dass sie bis an den Rand der Alpenvergletscherung am Hochrhein reichte. Die Würmvereisung konzentrierte sich auf die höchsten Höhen des Südschwarzwaldes. Es bildeten sich Firneisfelder, die über die Jahre immer mächtiger wurden. Im Feldberggebiet soll die Eismächtigkeit um die 50 Meter betragen haben. Vom Feldberg flossen Eismassen zungenförmig als Gletscher zu Tale, wo sie bis 300 Meter Mächtigkeit erreichten. Die Gletscherzungen waren bis zu 25 Kilometer lang. Die Gletscher nahmen Gesteinsmaterial von den Talrändern und vom Untergrund auf. Bereichsweise hobelten sie tiefe Becken aus (Feldsee, Ursee, Schluchsee, Titisee). Beim Abschmelzen blieb dieser Schutt als Grundmoräne liegen.

Wenn der Gletscher längere Zeit an einem Ort verharrte, häufte sich das Material zu Endmoränenwällen auf. Die Gletscherbewegungen erfolgten in verschiedenen Phasen, so dass vom Gletscherrückzug mehrere Moränenwälle erhalten sind. Markante Endmoränenwälle sind heute am Ausgang des Titisees und des Feldsees zu sehen.

Seit der Römerzeit findet am und im Schwarzwald Bergbau auf verschiedene Erze statt, die in Gängen im Grundgebirge zu finden sind. In der Gegend des Münstertals und am Schauinsland wurden vor allem Silber-, Blei- und Kupfererze abgebaut, bei Eisenbach gewann man Eisen- und Manganerze, Menzenschwand wurde durch den Probebergbau auf Uranerze bekannt. Zeitweilig ging der Bergbau auch auf Fluss- und Schwerspat um.

Die Wutachschlucht besuchen pro Saison zwischen 80 000 und 100 000 Wanderer, darunter auch Amateurgeologen, -paläontologen und -botaniker. Sie ist außerdem Ziel von Exkursionen für Studenten und Schüler.

Wildfond

30 ml Öl	erhitzen.
500 g Wildknochen	klein hacken, beigeben und anrösten. Anschließend
je 100 g Sellerie, Karotten, Zwiebeln	putzen, schneiden, zufügen und mitrösten.
10 g Tomatenpüree	dazugeben und mitrösten. Mit
300 ml Rotwein	ablöschen und mit
1½ l Wasser	auffüllen. Aufkochen lassen und
1 TL Salz	
Pfefferkörner, Lorbeer	
Wacholder	sowie
Thymian	beigeben. Etwa 1 Stunde kochen lassen und anschließend durch ein feines Tuch passieren.

Morchelsauce

20 g Butter	erhitzen.
1 Schalotte	fein hacken, dazugeben.
20 g getrocknete, eingeweichte Morcheln (Pilze)	waschen, schneiden, beifügen und mitdämpfen. Mit
20 ml Cognac	ablöschen.
50 ml Sahne	und
150 ml Sahnesauce (Rezept S. 141)	auffüllen. Mit
Salz, Pfeffer	abschmecken.

Jäger im Frühling

Weiße Buttersauce für Fisch (Beurre blanc)

20 g Butter	erhitzen.
1 Schalotte	fein hacken, dazugeben. Mit
100 ml Weißwein	
20 ml Weißweinessig	und
100 ml Fischfond (Rezept S. 141)	ablöschen, zur Hälfte einreduzieren.
100 g kalte Butter	in Würfel schneiden, mit dem Mixer unter die Flüssigkeit mischen und mit
Salz, Pfeffer	abschmecken. Leicht erwärmen, jedoch nicht mehr kochen, eventuell abpassieren.

Hotzenwalddom in Hierbach

Schlüsselblümchen sind Frühjahrsboten.

Ringelblumensauce

30 g Butter	in einem Topf erhitzen.
1 Knoblauchzehe	und
1 Schalotte	hacken, in der Butter andünsten. Mit
10 ml Pernod (Anisschnaps)	und
50 ml Geflügelfond	ablöschen und einreduzieren.
150 ml Sahne	auffüllen und
20 g Ringelblumenpaste (Rezept S. 132)	unterheben. Mit
Salz, Cayennepfeffer	und
1 Spritzer Zitronensaft	abschmecken. Kurz durchmixen, abpassieren und nochmals erwärmen.

Statt Geflügelfond kann je nach späterer Verwendung auch Fischfond (Rezept S. 141) verwendet werden.

Sauce Tartar

1 Ei (hart gekocht)	sowie
30 g Essiggurken	fein hacken und beides unter
100 g Mayonnaise	ziehen.
50 g Quark	unterrühren.
1 Bund Schnittlauch	fein schneiden, beigeben und mit
Salz, Pfeffer	abschmecken.

Das Radon Revitalbad in St. Blasien-Menzenschwand bietet neben Radonkuren auch Wellness-Anwendungen und ein Badevergnügen in fluoridhaltigem Heilwasser.

Bratensauce

900 g Kalbsknochen	und
500 g Schweinsknochen	klein hacken und in
50 ml Öl	anrösten.
Je 150 g Karotten, Sellerie, Zwiebeln	putzen, schneiden, beifügen und mitrösten.
30 g Tomatenpüree	dazugeben und mitrösten. Mit
100 g Mehl	stäuben und mit
200 ml Weißwein	ablöschen.
1 l Kalbsfond (Rezept S. 140)	und
1 l Wasser	auffüllen, kochen lassen
Thymian, Lorbeer, Pfefferkörner	und
10 g Salz	beigeben. Etwa 2 Stunden kochen lassen, eventuell Wasser nachgießen, anschließend durch ein Sieb oder Tuch abpassieren.

Die Bratensauce und auch Wildfond, Kalbsfond sowie Fischfond können portionsweise eingefroren werden.

Der Stausee Schwarzabruck bei Häusern ist ein Teil des Pumpspeicher-Netzwerkes der Schluchseewerke AG zwischen dem Schluchsee und dem Rhein bei Waldshut. Das Wasser des Schluchsees treibt hier die ersten Turbinen an.

Heiße Wurst auf dem Markt in St. Blasien ist sehr beliebt. Der Markt findet direkt vor dem Dom statt.

Sauce Hollandaise

1 Schalotte	schneiden, mit
20 ml Weißwein	
5 ml Essig	
30 ml Wasser	
1 Lorbeerblatt	und
Pfefferkörner	aufkochen, 5 Minuten kochen lassen. Dann abkühlen lassen und absieben. Nun zu
2 Eigelb	geben. Die Masse im Wasserbad (etwa 80 °C) zu einer cremigen Masse aufschlagen. Aus dem Wasserbad nehmen, dann
200 g Butter (geklärt, 45 °C)	unter die Eigelbmasse rühren. Mit
Salz, Pfeffer	und
Zitronensaft	abschmecken. Sollte die Sauce gerinnen, entweder mit 1 Esslöffel heißem oder kaltem Wasser vermischen.

Variationen:

***Sauce béarnaise:** 10 g Estragon (gehackt) unterheben.*

***Sauce Choron:** 10 g Estragon (gehackt) und 5 g Tomatenmark unterheben.*

***Sauce Maltaise:** Die Schale einer unbehandelten Orange in Streifen schneiden und blanchieren, dann unter die Sauce mischen.*

Segelflieger bei Reiselfingen

In der Sommerberganlage in Lenzkirch

Schokoladensoufflé mit eingelegten Kirschen

Von Matthias Hermann, Gasthaus Felsenstüble, St. Märgen

120 g Sauerkirschen (entsteint, aus dem Glas)	den Saft abgießen und die Kirschen über Nacht in
Schwarzwälder Kirschwasser	einlegen. Souffléförmchen mit
20 – 30 g Butter	einfetten und mit
30 g Zucker	auskleiden. Die Kirschen abtropfen lassen und in den Förmchen verteilen.
250 g dunkle Schokolade (min. 50% Kakaoanteil)	im Wasserbad schmelzen.
150 ml Eiweiß	steif schlagen und
20 g Zucker	unterrühren. Das Eiweiß vorsichtig unter die Schokolade heben, in die Förmchen füllen und kühl stellen. Den Backofen auf 200 °C vorheizen, die Soufflés im Ofen etwa 20 Minuten backen. Den Ofen währenddessen nicht öffnen, die Soufflés herausnehmen, mit
Puderzucker	bestäuben und sofort servieren .

Pferde auf der Weide mit Kappel im Hintergrund

Holunderküchle mit Zimtsauce

Backteig (Rezept S. 165)	herstellen.
12 Holunderblütendolden	in den Backteig tunken und in der Friteuse bei 170 °C ausbacken, gut abtropfen lassen. In
Zucker und Zimt	wenden.
200 ml Milch	und
100 ml Sahne	aufkochen.
2 Eigelb	mit
30 g Vanillecremepulver	mischen. Die Milch zum Eigelb geben, kurz durchkochen lassen und abpassieren
10 g Zimt	unterziehen, die Holunderküchle auf der Sauce anrichten.

Wenn Bier zu Schnaps wird

Im Herbst lebt in der Privatbrauerei Rogg in Lenzkirch eine Familientradition auf, wenn Braumeister i.R. Hermann Steinhauser um 6 Uhr in der Brennerei im Empfangsgebäude des Campingplatzes Kreuzhof ans Schnapsbrennen geht. Dabei landen nicht Birnen, Äpfel oder Kirschen im Brennkessel, sondern das hauseigene Bier. Rohstoff für die Bierbrände ist bestes, trinkfertiges, vergorenes Bier. Es kommt aus der Brauerei in ein Zwischenlager, wo die Kohlensäure entweicht. Durch zweifache Destillation im traditionellen, kupfernen Brenngeschirr wird dem Bier der Alkohol entzogen, satte 80 Prozent stark. Der Alkohol ist von größter Reinheit, denn die Grundlage bildet das Bier, das streng nach dem Reinheitsgebot von 1516 gebraut wird. Der Bierschnaps wird mit sehr großem Erfolg verkauft. Daneben gibt es noch den Bierteufel, ein süffiger Likör und ganz neu »Roggs guter Geist«, ein Bierschnaps, der im Eichenfass fünf Jahre lang gelagert wurde. Durch die Lagerung im Barrique ist er goldgelb und dem Whisky ähnlich.

Brauen in der handwerklichen Privatbrauerei Rogg

Tannenhonigparfait mit Kirschkompott

4 Eigelb	mit
150 g Tannenhonig	in eine Schüssel geben und im Wasserbad schaumig aufschlagen, kalt rühren. Anschließend
250 ml Sahne	aufschlagen und mit
2 cl Kirschwasser	unterheben. Die Masse in Förmchen abfüllen und etwa 4 bis 5 Stunden tiefkühlen.

Das Kirschkompott

200 g Sauerkirschen (aus dem Glas)	abgießen und den Saft aufkochen.
25 g Vanillecremepulver	mit
30 g Zucker	und
2 cl Kirschwasser	mischen, zum Saft geben und abbinden. Kurz aufkochen und die Kirschen dazugeben. Noch im lauwarmen Zustand mit dem Parfait anrichten.

Herbststimmung im Luftkurort Kappel. Der heutige Lenzkircher Ortsteil liegt auf rund 900 Metern am Südosthang des Hochfirstrückens. Unterhalb von Kappel beginnt die Wutachschlucht.

Junge Tannenzapfen

Erdbeerknödel auf Vanillesauce

300 g Kartoffeln	am Vortag in Salzwasser kochen, schälen und durchpressen. Am nächsten Tag mit
30 g Butter	
30 g Grieß	
5 g Salz	
2 Eigelb	sowie
100 g Mehl	mischen und zu einem glatten Teig verkneten, 30 Minuten ruhen lassen.
50 g Butter	in der Pfanne erhitzen.
80 g Semmelbrösel	zur Butter geben und leicht anrösten, zur Seite stellen.
8 Erdbeeren	zupfen und mit dem Teig ummanteln, in kochendes Salzwasser geben, aufkochen und etwa 10 Minuten ziehen lassen. Dann herausnehmen und in den Semmelbrösel drehen.

Die Vanillesauce

1 Vanilleschote	der Länge nach aufschneiden und mit
200 ml Milch	sowie
100 ml Sahne	aufkochen.
2 Eigelb	mit
30 g Vanillecremepulver	mischen und die Milch damit abbinden, dann abpassieren und die Knödel auf der Sauce anrichten.

Reitervorführungen und Reitunterricht gibt es im Kreuzhof in Lenzkirch.

Walderdbeere in der Blüte

Pfitzle mit Beerenkompott

50 g Butter	8 feuerfeste Förmchen (Ø 7 cm) damit ausstreichen.
120 g Mehl	mit
1 Prise Salz	und
250 ml Milch	vermischen.
2 Eier	und
50 g flüssige Butter	untermischen. Die Förmchen mit dem Teig zur Hälfte füllen. Im Backofen bei 170 bis 180 °C etwa 25 Minuten backen.

Das Beerenkompott

100 g Preiselbeeren	und
100 g Himbeeren	
100 g Brombeeren	mischen.
80 ml Orangensaft	mit
20 g Vanillezucker	und
5 g Zitronensaft	aufkochen und mit
20 g Vanillecremepulver	abbinden. Unter die Beeren mischen und aufkochen.

Die Pfitzle auf dem Kompott anrichten und mit Puderzucker bestäuben.

Fischbach mit Skihang

Gletschermühle (Krai-Woog-Gumpen) im Hotzenwald bei Ibach

Schokoladenmousse auf Mascarpone-Schaum

200 g Edelbitterschokolade	und
6 cl Espresso	in einer Schüssel im Wasserbad auflösen.
4 Eigelb	und
30 g Vanillezucker	im Wasserbad aufschlagen und mit der Schokolade mischen, dann leicht auskühlen lassen.
200 ml Sahne	aufschlagen, unterheben.
4 Eiweiß	mit
50 g Zucker	zu Schnee schlagen, ebenfalls unter die Masse heben und 4 bis 5 Stunden kühl stellen.

Der Mascarpone-Schaum

150 g Mascarpone	mit
30 ml Orangensaft	
20 ml Grand Marnier	und
30 g Zucker	vermischen, auf einen Teller geben und das Schokoladenmousse mit einem Löffel abstechen, auf dem Schaum anrichten.

Alpensicht vom Belchen aus

Belchen-Hotel

Dünne Pfannkuchen (Crêpes) mit Waldbeerkompott

100 g Mehl	mit
250 ml Milch	
1 Prise Salz	und
30 g Zucker	mischen.
3 Eier	und
1 Eigelb	dazugeben, verrühren und dünne Pfannkuchen in
30 g Butter	ausbacken, warm stellen.

Das Waldbeerkompott

50 g Zucker	karamellisieren, mit
100 ml Rotwein	ablöschen.
50 ml Orangensaft	mit
30 g Vanillecremepulver	vermischen, zum Rotwein geben und abbinden.
1 Zimtstange	beigeben und kurz mitkochen. Anschließend
200 g gemischte Waldbeeren	beigeben und die Pfannkuchen damit füllen, auf Teller anrichten und mit
Puderzucker	bestäuben.

In der ehemaligen Glashüttensiedlung Äule scharten sich einst Wohngebäude, Wirtschaft und Schule um die kleine Kirche.

Walnussparfait mit Karamellsauce

50 g Zucker	in einem Topf karamellisieren.
80 g gehackte Walnusskerne	beigeben und vermischen, vom Herd nehmen.
4 Eigelb	mit
50 g Bienenhonig	
50 g Zucker	und
30 ml Milch	in einem Wasserbad schaumig aufschlagen und kalt rühren. Nun die Walnusskerne beigeben und
150 ml Sahne (geschlagen)	unterheben. Die Masse in eine Form abfüllen und 4 bis 5 Stunden einfrieren.

Die Karamellsauce

100 g Zucker	in einem Topf karamellisieren, mit
150 ml Sahne	und
50 ml Milch	ablöschen, aufkochen lassen und einkochen. Das Parfait stürzen, mit der Sauce anrichten und garnieren.

Freibad in Lenzkirch mit seiner Rutsche

Wiege des Skisports

Seit 120 Jahren ist der Skisport im Hochschwarzwald zuhause. Skandinavier benutzten schon in frühester Zeit Skier als Fortbewegungsmittel im Schnee. Das Wort Ski stammt aus dem Norwegischen und bedeutet so viel wie Holzscheit. Der in Todtnau niedergelassene Landarzt Dr. Tholus las in einem Zeitungsbericht 1888 von den Schneeschuhen und bestellte sie ganz spontan. Nach den ersten Versuchen, bei denen es mit dem Skilaufen gar nicht klappte, wurden die beiden »Latten« wieder verpackt und im Speicher abgelegt. Weit bekannt wurden die Schneeschuhe erst als der norwegische Polarforscher Fridtjof Nansen 1888 Grönland auf Skiern durchquerte. In Todtnau wurde später über die Leistung des Forschers auch in der Zeitung berichtet und da erinnerte sich Dr. Tholus an seine Skier auf dem Speicher. Er präsentierte sie im Februar 1891 den staunenden Todtnauern. Gleich wagte ein Todtnauer mit den Skiern den Aufstieg zum 1493 Meter hohen Feldberg. Dort erzählte ihnen der Wirt des Feldberger Hofes, dass kurz zuvor ein Skiläufer von der Höllentalseite aufgestiegen war. Es war der französische Diplomat Dr. R. Pilet, der in Heidelberg lebte. Pilet wurde für viele Jahre Wintergast im Feldberger Hof und gab dort die ersten Skikurse, mit dabei waren die Besitzer des Feldberger Hofes, das Geschwisterpaar Carl und Fanny Mayer.

Im Spätherbst 1891 wurde in Todtnau der erste deutsche Skiclub gegründet. Aus diesem Verein heraus entstand auf dem Feldberg der Skiclub Schwarzwald, der für die Entwicklung des deutschen Skisportes sehr bedeutsam war. Bald stellten Bastler, Tüftler und Holzverarbeiter selbst Schneeschuhe her. Der heute bekannteste ist der 1878 in Bernau geborene Ernst Köpfer. Als 12-Jähriger wurde er auf Norweger auf Skiern aufmerksam. Er sah von seiner Schulbank aus eine Schar vorüberziehen, die seltsame Spuren auf dem Schnee hinterließ. Der Junge studierte deren Konstruktion zusammen mit seinem Vater Karl und stellte 1892 in der Werkstatt, wo sonst Blasebälge und Krauthobel gefertigt wurden, die ersten kompletten Skier her. Die »Marke Feldberg« war geboren. Über die Jahre gingen hiervon rund 10 000 Paare in Serie. Mit dem Eintrag der »Marke Feldberg« in die kaiserliche Patentrolle in Berlin 1906 erlangte diese Serie Weltruhm.

Im Januar 2010 gab es die FIS Nordische Junioren Ski-Weltmeisterschaften/U23 Weltmeisterschaft im Langlauf im Langlaufzentrum auf dem Notschrei.

Heute wird die Erinnerung an den Ski-Köpfer von Bernau von dessen Enkel, Walter Strohmeier, in Ehren gehalten. Die Zeugnisse jener Zeit wie Skier, Skikleidung, Unterlagen, Stempel, Preise und Schriftwechsel werden von ihm gesammelt und in Ausstellungen im ganzen Bundesgebiet und im Ausland gezeigt. Im über 300 Jahre alten »Hugenhof« in Hinterzarten ist die Geschichte des Skilaufens seit seinen Anfängen am Feldberg und seiner Verbreitung in die europäischen Mittelgebirge ausgestellt. Der Feldberg entwickelte sich zur Kultstätte des Skisports. Heute ist dort das größte Skigebiet im Schwarzwald und das Herz der Wintersportregion Hochschwarzwald. Im Liftverbund Feldberg – dazu gehören noch Altglashütten, Menzenschwand, Muggenbrunn, Todtnauberg, Notschrei und Belchen – stehen 31 Liftanlagen und 55 Pistenkilometer, sechs Kilometer davon beschneit, mit Abfahrten in allen Schwierigkeitsstufen, von der einfachen Familienabfahrt bis hin zur anspruchsvollen FIS-Weltcup-Strecke, zur Verfügung.

Nachgestellt in Bernau: Erste Skifahrer mit dem Skiköpfer mit einem Paar Originalskiern aus dem Jahre 1892

Langläufer auf der Loipe zwischen Kappel und Saig

Weiße Kaffeecreme mit Orangensauce

400 ml Milch	mit
30 g Kaffeebohnen (grob zermahlen)	aufkochen, vom Herd nehmen und 1 Stunde ziehen lassen. Dann abpassieren und die Milch nochmals aufkochen.
100 g Zucker	sowie
2 Eigelb	
15 g Vanillecremepulver	miteinander vermischen, zur Milch geben, durchkochen und abpassieren.
5 Blatt Gelatine	einweichen, ausdrücken, beigeben und die Masse abkühlen lassen.
300 ml Sahne	steif schlagen, unter die lauwarme Masse heben, in Förmchen abfüllen und 5 Stunden kalt stellen.

Die Orangensauce

80 g Zucker	in einem Topf karamellisieren und mit der Hälfte von
200 ml Orangensaft	ablöschen, 2 Minuten kochen lassen. Die andere Hälfte Orangensaft mit
20 g Kartoffelstärke	mischen und der vorbereiteten Zucker-Orangen-Lösung beigeben. Kurz durchkochen lassen, mit
20 ml Rum	und
20 ml Grand Marnier (Orangenlikör)	vermischen. Die Schale
1 Orange (unbehandelt)	in feine Streifen schneiden und zu der Sauce geben. Die Sauce anschließend mit der Kaffeecreme anrichten.

Das Dessert kann man mit frischen Früchten schön garnieren.

Wegweiser auf dem Gipfel des Herzogenhorn

Creme Karamell

Von Helmut Zier, Mistelbrunn

100 g Zucker	in einem Topf karamellisieren, mit
100 ml Wasser	ablöschen und zu Karamell einreduzieren lassen. In runde Gratinförmchen (Ø 8 cm) geben.
500 ml Milch	aufkochen.
80 g Zucker	mit
15 g Vanillezucker	
3 Eier	und
3 Eigelb	mischen. Die Milch zu dem Eiergemisch geben, gut durchrühren und abpassieren. In die vorbereiteten Gratinförmchen geben. Die Förmchen in ein tiefes Blech, ausgelegt mit Zeitungspapier, stellen. Das Blech zur Hälfte mit Wasser aufgießen und im Backofen bei 140 °C etwa 2 Stunden pochieren. Anschließend herausnehmen und erkalten lassen. Die Creme Karamell am Rand einschneiden und auf einen tiefen Dessertteller stürzen. Mit
50 ml Sahne (geschlagen)	garnieren.

Zur Creme Karamell passen sehr gut frische Früchte.

Links neben dem Hierahof bei Saig steht eine rund 400 Jahre alte Esche. Der weithin sichtbare Baum ist 30 Meter hoch und fast sieben Meter breit.

Panna Cotta mit Rosen-Granatapfelsauce

Von Markus Ketterer, Seebachstüble, Titisee

500 ml Sahne	in einem Topf mit
1 Vanilleschote (aufgeschnitten)	und
50 g Zucker	aufkochen, bei mittlerer Hitze etwa 20 Minuten köcheln lassen. Dann vom Herd nehmen.
2 Blatt Gelatine	einweichen, ausdrücken, beigeben und durch ein Sieb streichen. In Förmchen abfüllen und mindestens 5 Stunden kalt stellen.

Die Rosen-Granatapfelsauce

2 Granatäpfel	davon 1½ Granatäpfel auspressen und mit Wasser auf 200 ml auffüllen. Mit dem Saft
1 Limette	und
50 g brauner Zucker	aufkochen, sirupartig einkochen. Dann abkühlen lassen, die restlichen Granatäpfelkerne sowie
½ TL Rosenwasser (Apotheke)	einrühren. Die Panna Cotta auf einen Teller stürzen und mit der Sauce garnieren.

Hochschwarzwälder Brünnele bieten ein erfrischendes Wasser.

Schafherde am Fuß des Feldbergs auf dem Weg zum Höchsten. Die Herden, die im Sommer die Höhenlagen beweiden, sorgen dafür, dass die Landschaft offen bleibt.

Schokoladenmarquise mit Waldbeerkompott

250 g dunkle Kuvertüre (Schokolade)	sowie
100 g Milchkuvertüre	hacken und mit
40 ml Espresso (heiß)	mischen.
30 ml Calvados	mit
20 ml Rum	und
2 Eier	mischen, im heißen Wasserbad schaumig schlagen. Die Espresso-Kuvertüre beigeben und durchmischen. Kurz erkalten lassen.
350 ml Sahne	steif schlagen, unterheben und in eine Form (etwa 1 Liter Fassungsvermögen) geben, 5 Stunden kühl stellen. Anschließend auf ein Schneidbrett stürzen und in 2½ cm dicke Scheiben schneiden. Auf einem Teller anrichten und mit
Waldbeerkompott (Rezept S. 156)	servieren.

Strudelteig

Von Helmut Zier, Mistelbrunn

Für Apfel- und Zwetschgenstrudel oder auch für Wild.

500 g Mehl	zu einem Kranz formen.
1 Ei	sowie
10 g Salz	
100 g Butter	dazugeben, nach und nach
200 ml Wasser	hinzufügen und zu einem geschmeidigen Teig kneten. Etwa 2 Stunden ruhen lassen.

Laurentius Gottesdienst an der Todtnauer Hütte auf dem Feldberg

Zabaione (Sabayon)

Von Helmut Zier, Mistelbrunn

> *Die Zabaione kann auch mit Sherry, Portwein oder Gewürztraminer statt Curacao zubereitet werden.*

150 ml Weißwein	mit
100 g Zucker	
4 Eigelb	
1 Ei	sowie
30 ml Curacao (Likör)	gut vermischen und im heißen Wasserbad schaumig schlagen.

Zwetschgentäschle mit Zabaione (Sabayon)

Von Helmut Zier, Mistelbrunn

200 g Zwetschgen	entsteinen und klein schneiden.
30 g Butter	in einer Pfanne erhitzen.
30 g Zucker	beigeben und leicht karamellisieren, die Zwetschgen hinzufügen und kurz durchschwenken.
30 g gemahlene Haselnüsse	sowie
5 g Zimt	zugeben, kurz durchschwenken und erkalten lassen.
300 g Strudelteig (Rezept S. 163)	herstellen, dünn ausrollen und in Quadrate von 15 cm schneiden. Die erkaltete Masse darauf verteilen und zu Täschchen zusammenfalten, die Enden verdrehen, auf ein gebuttertes Backblech geben. Mit einem Gemisch aus
20 g flüssige Butter	und
20 ml Sahne	bestreichen. Im Ofen etwa 20 Minuten bei 180 °C backen. Anschließend mit der warmen
Zabaione (Rezept S. 164)	anrichten und mit
Puderzucker	bestreuen.

Wutachtalbahn: das historische Stellwerk vom Konstanzer Bahnhof musste weichen. Es wurde abgebaut und im Bahnhof Blumberg der Museumsbahn Wutachtal, auch Sauschwänzlebahn genannt, wieder aufgebaut.

Backteig

250 g Mehl	und
250 ml Bier	mischen (klümpchenfrei).
40 ml Öl	und
1 Eigelb	dazugeben.
2 Eiweiß	aufschlagen, unterheben und mit
1 Prise Salz	würzen.

Für gebackenen Fisch sowie für Apfelküchle, Ananas oder Bananen.

Lenzkirch Ruhbühl mit dem Campingplatz Kreuzhof

Anzapft' isch beim Oktoberfest in Lenzkirch

Mohr im Hemd

Von Simon Bragg-Coulthard, Parkhotel Adler, Hinterzarten

25 g Butter	verflüssigen und kleine Förmchen (etwa 8 cm Ø) damit bepinseln. Dann mit
25 g Semmelbrösel	ausstäuben.
80 g Bitterschokolade	über dem Wasserbad schmelzen.
4 Eigelb	und
80 g Zucker	schaumig rühren, die Schokolade und
50 g Kokosflocken	sowie
80 g Mandelgrieß	beigeben, verrühren.
4 Eiweiß	steif schlagen, vorsichtig unter die Masse heben und die Förmchen zu zwei Drittel füllen. Die Förmchen im Wasserbad bei 70 °C etwa 15 Minuten aufwärmen. Anschließend im vorgeheizten Backofen bei 180 °C etwa 25 Minuten backen. Nun stürzen und mit einer
Fruchtsauce	servieren.

Fruchtsaucen finden Sie in diesem Kochbuch auf den Seiten 162, 160 und 169.

Menzenschwander Wasserfälle im Winterkleid

Bahneröffnung für die Hochschwarzwälder Leichtathleten im Lenzkircher Stadion

Wallfahrtskirche Witterschneekreuz

Die Geschichte der Wallfahrtskirche Witterschneekreuz bei Löffingen – heute ein Ziel vieler Wallfahrer und auch Hochzeiter – begann mit dem Winter 1740. Ein Wanderer geriet auf der Kuppe, welche schon im 11. Jahrhundert »Itirsne« später »Witarsne« genannt wurde, in einen Schneesturm, so die Sage. In seiner Not gelobte er dort ein Kreuz errichten zu lassen, wenn ihm Rettung zuteil würde. An der Stelle der Wallfahrtskirche hörte er eine Glocke von Löffingen und vorbeikommende Holzfäller nahmen ihn mit in die Stadt. Der Mann hielt sein Gelübde. Im Verlauf der Jahre kamen immer mehr Pilger zum Witterschneekreuz. 1792 wurde eine offene Kapelle, 1846/1847 die jetzt »alte« Holzkapelle und 1894 bis 1897 die heutige Wallfahrtskirche im neuromanischen Stil errichtet.

Wallfahrtskirche Witterschneekreuz bei Löffingen

Schwarzwaldpark Löffingen

Lenzkircher Kirschauflauf

Von Andreas Helmle, Löffelschmiede, Lenzkirch

Zum Soufflé passt sehr gut Vanillesauce *(Rezept S. 153).*

100 g Kirschen (entsteint)	in
3 cl Kirschwasser	und
20 g Zucker	etwa 1 Stunde ziehen lassen.
50 g Butter	in einem Topf schmelzen.
50 g Mehl	beigeben und gut verrühren.
250 ml Milch (kalt)	auffüllen und durchkochen, dann abkühlen lassen.
60 g Zucker	und
3 Eigelb	beigeben.
3 Eiweiß	steif schlagen und vorsichtig unter die Masse heben. Die Förmchen mit
Butter	und
Zucker	ausstreichen. Die Masse einfüllen und in einem Wasserbad etwa 10 bis 15 Minuten leicht erwärmen, nicht kochen. Das Soufflé in den auf 180 °C vorgeheizten Backofen geben und etwa 25 Minuten backen. Dann sofort servieren.

Ziegen zählen zu den ältesten wirtschaftlich genutzten Haustieren.

Winterwanderwege werden in den Hochschwarzwaldgemeinden die ganze Saison über geräumt oder gewalzt. Das Wandern im Schnee ist sehr erholsam.

Buttermilch-Mousse mit Mohn und Himbeersauce

Von Andreas Helmle, Löffelschmiede, Lenzkirch

3 Blatt Gelatine	in kaltem Wasser einweichen, dann ausdrücken.
250 g Buttermilch	und
40 g Zucker	vermischen und leicht erhitzen. Die aufgelöste, warme Gelatine unter die Buttermilch ziehen und leicht erkalten lassen.
200 g Sahne	steif schlagen und mit
20 g Mohn	unter die Masse ziehen, 5 Stunden kühlen.

Die Himbeersauce

150 g TK-Himbeeren	mit
30 g Zucker	und
2 cl Himbeergeist	aufkochen und mixen. Auf Teller geben, das kalte Buttermilch-Mousse mit einem Löffel nockenartig ausstechen und darauf anrichten.

Die Winter in Bernau-Hof direkt am Fuß des Herzogenhorns sind besonders streng, da schneereich.

An Fronleichnam, einem Hochfest im Kirchenjahr der katholischen Kirche, schließt sich der Messe eine Prozession, wie hier in St. Blasien, an.

Badischer Zwiebelkuchen

Von Helmut Zier, Mistelbrunn

300 g Mehl	in eine Schüssel sieben.
20 g frische Hefe	und
130 ml Milch (lauwarm)	dazugeben.
80 g Butter (flüssig)	und
15 g Salz	zufügen. Die Zutaten zu einem Teig verkneten und 30 Minuten gehen lassen. Auf einer bemehlten Arbeitsfläche ausrollen und auf einem gefetteten Backblech auslegen (Ränder hoch schlagen).
1½ kg Zwiebeln	in feine Scheiben schneiden und mit
100 g Speckwürfel	in
50 g Butter	andünsten, dann auf dem Teig verteilen.
250 ml Sahne	mit
4 Eier	
Salz, Pfeffer, Muskat	und
Kümmel (nach Wunsch)	verquirlen, auf die Zwiebel-Speckmasse geben und 15 Minuten ruhen lassen. Anschließend im vorgeheizten Backofen bei 200 °C etwa 20 bis 30 Minuten backen.

Zum Zwiebelkuchen serviert man Suser (Federweißer).

Holzfäller im Enthurstungseinsatz am Herzogenhorn. Regelmäßig müssen Bäume entfernt werden um so die Landschaft offen zu halten.

Kartoffelkuchen

500 g Kartoffeln (mehlig kochend)	kochen, anschließend reiben, zur Seite stellen.
250 g Mehl	mit
½ Pck. Hefe	
1 Ei	
50 g Butter oder Margarine	
125 ml Milch	und
1 Prise Salz	zu einem Hefeteig verarbeiten, kurz gehen lassen, danach ausrollen und in eine Springform (Ø 26 cm) geben. Die geriebenen Kartoffeln mit
2 Eier	sowie
200 ml saure Sahne	
2 EL Sahne	
2 EL Mehl	
50 g Butter (flüssig)	
125 ml Milch	und
Salz, Muskat	verrühren und auf den Hefeteig verteilen. Ein paar
Butterflöckchen	gleichmäßig auf der Masse verteilen. Bei 200 °C Ober- und Unterhitze etwa 50 Minuten backen.

Im sogenannten Nasslager wird Stammholz unter ständiger Bewässerung gelagert. Es ist so länger haltbar.

Eierlikörkranz

Von Caroline Waldvogel, Badische Hausfrau, Lenzkirch

5 Eier	mit
250 g Puderzucker	
1 Pck. Vanillezucker	schaumig rühren.
250 ml Öl	und
250 ml Eierlikör	unterrühren.
250 g Mehl	sieben und mit
1 Pck. Backpulver	unter den Teig rühren, in eine Gugelhupf-Form füllen. Etwa 1 Stunde bei 175 °C im Backofen backen.

Winzerweckle

Von Caroline Waldvogel, Badische Hausfrau, Lenzkirch

4 längliche Aufbackbrötchen (Baguettebrötchen)	aufschneiden.
200 g Schmand	mit
50 g Speckwürfel	
50 g Käse	
20 g Petersilie	sowie
Salz, Pfeffer	verrühren und auf die halben Brötchen streichen. Bei 175 °C im vorgeheizten Backofen etwa 12 Minuten backen.

Beliebtes Festvergnügen für Kinder ist die Hüpfburg.

Schinkenwaffeln

Von Caroline Waldvogel, Badische Hausfrau, Lenzkirch

150 g Butter oder Margarine	schaumig rühren und nacheinander
4 Eier	hinzufügen.
250 g Mehl	mit
1 TL Backpulver	vermischen, dann unter die Eier-Buttermasse rühren.
125 ml lauwarmes Wasser	unterrühren.
125 g Schwarzwälder Schinken	würfeln, dazugeben.
1 – 2 Gewürzgurken	sowie
½ Zwiebel	fein schneiden, hinzufügen. Mit
Salz, Pfeffer	würzen. In einem Waffelautomat 8 Waffeln ausbacken und sofort servieren.

Dazu passt ein knackiger Blattsalat.

Altglashütten, ein Ortsteil der Gemeinde Feldberg mit Sitz der Verwaltung

Auf der Loipe. Die Menzenschwander Spur vom Äulemer Kreuz zum Caritashaus auf dem Feldberg ist mit einer der schönsten Langlaufstrecken im Hochschwarzwald.

Käsewaffeln

Von Caroline Waldvogel, Badische Hausfrau, Lenzkirch

200 g Butter oder Margarine	schaumig rühren und nacheinander
4 Eier	hinzufügen.
½ TL Salz	mit
100 g Mehl	
100 g Speisestärke	
½ TL Backpulver	mischen, dann unter die Eier-Buttermasse rühren.
125 ml lauwarmes Wasser	unterrühren. Zum Schluss
30 g geriebener Bergkäse	unterheben und mit
Paprika	würzen. In einem Waffelautomat 8 Waffeln ausbacken und sofort servieren.

Dazu passt ein knackiger Blattsalat.

Im Käselager bleiben die Laibe, regelmäßig gepflegt, bis zur Reifung des Käses.

Feldbergkirche Verklärung Christi

Badischer Apfelkuchen

Von Caroline Waldvogel, Badische Hausfrau, Lenzkirch

250 g Mehl	mit
125 g Butter oder Margarine	
100 g Zucker	
1 Ei	zu einem Teig verarbeiten, ausrollen und in eine mit Backpapier ausgelegte Springform bringen. Etwa 1 Stunde abgedeckt in den Kühlschrank stellen. Für den Belag
8 säuerliche Äpfel	schälen, Kerngehäuse entfernen, stückeln und in eine Schüssel geben. Die Apfelstücke mit dem Saft
½ Zitrone	und
1 Pck. Vanillezucker	vermischen, auf den Teig geben und in den auf 180 °C vorgeheizten Backofen schieben. Etwa 45 Minuten backen, bis der Rand braun wird. Inzwischen den Guss vorbereiten. Dafür
2 Eier	mit
5 EL Zucker	schaumig rühren, anschließend
100 ml Sahne	und
1 EL Crème fraîche	unterrühren. Nach der ersten Backzeit
Rosinen nach Wunsch	und den Guss auf die Äpfel geben und 30 Minuten weiterbacken.

In Waldau, einem Ortsteil von Titisee-Neustadt, laden im Winter zwei Skilifte und ein Babylift sowie eine Langlaufspur die Sportler ein.

Station des Kreuzweges an der Feldbergkirche Verklärung Christi

Das Lied vom Kirschbaum

*Johann Peter Hebel (Dichter und Theologe, * 10. 5. 1760 in Basel, † 22. 9. 1826 in Schwetzingen bei Heidelberg)*

Zum Frühling sagt der liebe Gott
»Geh, deck dem Wurm auch seinen Tisch!«
Gleich treibt der Kirschbaum Laub um Laub,
vieltausend Blätter, grün und frisch.
Das Würmchen ist im Ei erwacht,
es schlief in seinem Winterhaus;
es streckt sich, sperrt sein Mäulchen auf
und reibt die blöden Augen aus.
Und darauf hat's mit stillem Zahn
an seinen Blättchen genagt;
es sagt: »Man kann nicht weg davon!
Was solch Gemüs' mir doch behagt!«

Und wieder sagt der liebe Gott:
»Deck jetzt dem Bienchen seinen Tisch!«
Da treibt der Kirschbaum Blüt' an Blüt,
vieltausend Blüten, weiß und frisch.
Und's Bienchen sieht es in der Früh
im Morgensonnenschein und fliegt heran
und denkt: »Das wird mein Kaffee sein;
was ist das kostbar Porzellan!
Wie sind die Tässchen rein gespült!«
Es steckt sein Züngelchen hinein,
es trinkt und sagt: »Wie schmeckt das süß!
Da muss der Zucker wohlfeil sein!«

Zum Sommer sagt der liebe Gott:
»Geh, deck dem Spatzen seinen Tisch!«
Da treibt der Kirschbaum Frucht an Frucht,
vieltausend Kirschen, rot und frisch.

Kirschblüte (veredelt) im Hochschwarzwald. Wenn spät im Jahr die Früchte vollreif geerntet werden, bilden sie die Grundlage fürs Chriesiwässerli (Kirschwasser).

Und Spätzchen sagt: »Ist's so gemeint?
Ich setz' mich hin, ich hab' App'tit,
das gibt mir Kraft in Mark und Bein,
stärkt mir die Stimm' zu neuem Lied.«

Da sagt zum Herbst der liebe Gott:
»Räum fort, sie haben abgespeist!«
Drauf hat die Bergluft kühl geweht,
und 's hat ein bissel Reif geeist.
Die Blätter werden gelb und rot,
eins nach dem andern fällt schon ab,
und was vom Boden stieg herauf,
zum Boden muss es auch hinab.

Zum Winter sagt der liebe Gott:
»Jetzt deck, was übrig ist, mir zu!«
Da streut der Winter Flocken drauf;
nun danket Gott und geht zur Ruh'!

Blühender wilder Kirschbaum

Striebele

Von Andrea Wiest, Café Wiest, Lenzkirch

2 l Frittierfett	in einem Topf auf etwa 180 °C erhitzen. Aus
300 g Mehl	
250 ml Milch	
1 Prise Salz	
1 TL Zucker	sowie
3 Eier	einen Pfannenkuchenteig rühren.
60 g Butter	zerlassen und unter den Pfannenkuchenteig unterrühren. Einen Trichter und einen Holzlöffelstiel bereit legen. Den Teig portionsweise in den Trichter füllen und dosiert ins heiße Fett laufen lassen. Die Strieble von beiden Seiten goldbraun backen, mit einer Schaumkelle herausnehmen und auf Küchenkrepp abtropfen lassen. Mit
Puderzucker	bestäuben und noch warm servieren.

Strieble ist ein typisches Fastnachtsgebäck.

Wälderstadt Titisee-Neustadt

Käsesahne

Von Klaus Kerdraon, Café Roters, Lenzkirch

1 Mürbeteigboden (Rezept S. 181)	mit
50 g Himbeerkonfitüre	einstreichen.
2 Scheiben heller Biskuit (Rezept S. 182)	davon 1 Scheibe auflegen.
225 ml Milch	aufkochen.
150 g Zucker	und
4 Eigelb	mischen, zur Milch geben, zur Rose abziehen (etwa 85 °C). Dann auf rund 35 °C abkühlen lassen.
1 Prise Salz	und die Schale von
1 Zitrone (unbehandelt)	beigeben.
4 Blatt Gelatine	einweichen, ausdrücken, verflüssigen und unterheben. Mit
420 g Magerquark	vermischen und zum Schluss den Großteil von
420 ml Sahne (steif geschlagen)	unterheben. Auf den vorbereiteten Biskuit füllen und den zweiten Biskuit auflegen, etwa 3 Stunden kühl stellen. Mit
Puderzucker	bestäuben und mit etwas Sahne ausgarnieren.

Zur Rose abziehen: Die Milch-Eigelb-Mischung auf etwa 85 °C erhitzen, dabei mit dem Spachtel abrühren und prüfen, ob sich beim Anblasen eine Rose bildet. Von oben gesehen sollte es wie eine Rose aussehen.

Hündin Lisa mit ihrem Wurf. Sie wird als Schweißhund bei der Jagd eingesetzt.

Schwarzwälder Kirschtorte

Von Klaus Kerdraon, Café Roters, Lenzkirch

1 Mürbeteigboden (Rezept S. 181)	mit
50 g Himbeerkonfitüre	bestreichen.
1 dunkler Schokobiskuit (Rezept S. 182)	in 3 Teile schneiden.
100 ml Zuckerwasser	und
100 ml Kirschwasser	mischen, den Biskuit leicht tränken. Eine Scheibe Biskuit nun auf den Mürbeteig mit Konfitüre legen.
400 g Sauerkirschen	leicht abbinden, auf dem Biskuit verteilen.
1 l Sahne	steif schlagen.
7 Blatt Gelatine	einweichen, ausdrücken, verflüssigen und dann mit der Sahne und
3 cl Kirschwasser	sowie
100 g Zucker	mischen. Die zweite Biskuitscheibe auflegen und mit einem Teil der Sahne etwa 3 cm dick bestreichen. Anschließend die dritte Biskuitscheibe auflegen und mit der restlichen Sahne einstreichen. Zum Schluss mit
12 Kirschen	und
50 g Schokospäne	dekorieren.

Zum Abbinden der Sauerkirschen können Sie den Saft mit 30 g Vanillecremepulver und 50 g Zucker aufkochen, anschließend die Kirschen beifügen und abkühlen lassen.

Der Besuch einer Sauna dient der körperlichen Erbauung, der Gesundheit, der Körperreinigung und der Verbesserung des Wohlbefindens.

Mürbeteig (Grundrezept)

Von Klaus Kerdraon, Café Roters, Lenzkirch

650 g Backfett	mit
400 g Puderzucker	mischen. Nach und nach
3 Eier	sowie
Salz	und
Zitronenzeste	beigeben.
1 kg Mehl	sieben, mit
10 g Backpulver	mischen und unterrühren. Etwa 2 Stunden kühlen, anschließend auf etwa 4 mm ausrollen, mit einem Ring (Ø 24 cm) ausstechen und bei 180 °C etwa 10 Minuten backen.

Mürbeteig ist der Grundteig für verschiedene Kuchen und Torten und dient auch als »Unterlage« für saftige Torten.

Staustufe des Flusskraftwerks Stallegg in der Wutachschlucht

Turbinen- und Generatorhaus des Flusskraftwerks Stallegg in der Wutachschlucht

Biskuit (Grundrezept)

Von Klaus Kerdraon, Café Roters, Lenzkirch

10 Eier	sowie
300 g Zucker	und die Schale
1 Zitrone (unbehandelt)	im Wasserbad warm aufschlagen, anschließend kalt rühren.
150 g Mehl	sieben und mit
150 g Stärkemehl	mischen, dann unter die Masse heben.
100 g Butter	schmelzen, unterrühren, in 2 Formen (Ø 24 cm) abfüllen und bei 180 °C etwa 25 bis 30 Minuten backen. Anschließend herausnehmen und auf ein Blech stürzen, mit der Form ruhen lassen

Das Grundrezept können Sie mit Schokoladenpulver oder gemahlenen Haselnüssen verändern.

Der Spielplatz des Campingplatzes Kreuzhof in Lenzkirch bietet von der Seilrutsche über Spielfelder bis hin zum Wasserspielplatz alles was das Kinderherz begehrt.

Trüffel

Von Klaus Kerdraon, Café Roters, Lenzkirch

200 ml Sahne	mit
20 g Glukose	und
20 g Butter	aufkochen.
400 g Kuvertüre	hacken, dazugeben und glatt rühren. Die Masse mit
Rum	abschmecken und anschließend in Hohlkörper füllen. Mit
400 g Kuvertüre (erwärmt auf 31 °C)	verschließen und überziehen. Danach nach eigenem Geschmack in
Schokoladenpulver oder Puderzucker	rollen.

Die Hohlkörper und die Glukose bekommt man beim Konditor.

Schwarzwälder Wildkirschen mit Stiel

Von Klaus Kerdraon, Café Roters, Lenzkirch

500 g Schwarzwälder Kirschen	mit Stiel in
500 ml Kirschwasser (50%ig)	etwa 1 Monat einlegen. Danach die Kirschen abtropfen lassen, die Kirschen in flüssigen, heißen
Fondant (Zuckermasse)	tauchen. Danach mit
400 g Edelbitter Kuvertüre (erwärmt auf 31 °C)	überziehen und trocknen lassen.

Fondant ist eine Überzugsmasse aus Zucker, die beim Bäcker erhältlich ist.

Ziegen haben im Hochschwarzwald eine große Zukunft. Sie werden verstärkt zum Offenhalten der Landschaft eingesetzt.

Begriffserläuterungen

Abbacken/Ausbacken	Etwas in heißem Fett schwimmend backen.
Ablöschen	Das Angießen von scharf angebratenem oder geschmortem Fleisch oder Gemüse.
Abschmecken	Eine Speise mit den Grundgewürzen Salz, Pfeffer, Zucker usw. nach eigenem Geschmack würzen.
Andünsten/Anschwitzen	Ein Lebensmittel in heißem Fett leicht rösten, ohne es zu braten. Das Lebensmittel soll nur glasig werden, z. B. Zwiebeln.
Ausbraten/Auslassen	Den Speck so lange braten, bis das Fett herausgebraten ist.
Blanchieren	Zutaten in einem Topf mit kochendem Wasser geben und kurz köcheln lassen.
Garen/Köcheln	Eine Speise sollte nicht stark kochen. Die Hitzezufuhr muss so gedrosselt werden, dass nur ein leichtes Aufsteigen von Kochblasen zu sehen ist.
Gratinieren	Das Überbacken von Speisen.
Legieren	Ist das Binden und Verfeinern von Gerichten mit Eigelb. Das Ei oder Eigelb wird mit warmer Flüssigkeit vermischt und unter ständigem Rühren in die nicht mehr kochende Speise gegeben.
Karkasse	Aus dem Französischen: Carcasse für Gerippe. Karkasse nennt man das nach dem Tranchieren meist kleinerer Tiere zurückbleibende Knochengerüst samt eventuell anhaftender Fleischreste.
Marinieren	Ist das Einlegen von Lebensmitteln in eine gewürzte Flüssigkeit, um der Speise einen besonderen Geschmack und bessere Haltbarkeit zu verleihen.
Mehlschwitze	Traditionelles Bindemittel von Suppen und Saucen (Fett zerlassen und Mehl einrühren).
Nappieren	Dabei werden Speisen mit einer Sauce überzogen.
Parieren	Fleisch von Fett und Sehnen befreien.
Passieren	Flüssigkeiten durch ein Sieb oder Tuch geben.
Pürieren	Ein gares Lebensmittel wird stark zerkleinert. Früher war hierfür in vielen Haushalten die »Flotte Lotte« ein beliebtes Haushaltsgerät, z. B. um Apfelmus herzustellen.
Reduzieren	Flüssigkeit fast vollständig verkochen lassen (einkochen).
Stocken lassen	Das Garen von Eiern oder Eimasse, bei mäßiger Hitze im Topf oder Wasserbad, ohne dabei das Gargut umzurühren.
Wasserbad	Ist eine Methode, um Speisen indirekt mit Hitze zu versorgen. Dabei wird der Topf mit den Speisen in einen anderen Topf mit heißem Wasser auf den Herd gestellt.
Zerlassen	Butter oder Margarine in einer Pfanne oder einem Topf bei mäßiger Hitze schmelzen, aber nicht braun werden lassen.

Maße und Gewichte

1 gestr. EL Fett	15 g
1 gestr. EL Mehl	10 g
1 geh. EL Mehl	15 g
1 kleine Zwiebel	30 g
1 mittlere Zwiebel	50 g
1 große Zwiebel	70 g
1 kleine Kartoffel	70 g
1 mittlere Kartoffel	120 g
1 große Kartoffel	180 g
½ kg	500 g
1 kg	1000 g

1 Liter	1000 ml / 1000 ccm
¾ Liter	750 ml / 750 ccm
½ Liter	500 ml / 500 ccm
d Liter	375 ml / 375 ccm
¼ Liter	250 ml / 250 ccm
c Liter	125 ml / 125 ccm
1 TL	5 ml
1 EL	15 ml
1 Tasse	150 ml

Abkürzungen

Msp.	Messerspitze
EL	Esslöffel
geh. EL	gehäufter Esslöffel
gestr. EL	gestrichener Esslöffel
TL	Teelöffel
geh. TL	gehäufter Teelöffel
gestr. TL	gestrichener Teelöffel
g	Gramm
kg	Kilogramm
ml	Milliliter
cl	Zentiliter
l	Liter
ccm	Kubikzentimeter
Pck.	Päckchen
°C	Grad Celsius
Stck.	Stück

Rezeptregister, alphabetisch

A

B

C

D

E

F

G

Q

R

S

T

W

Z